(사)한국어문회 주관 | 교육급수

한자능력 검정시험

6급

기출 · 예상 문제집

배정한자 + 기출문제 완벽 반영!
예상문제 15회 + 기출 · 예상문제 5회 수록!

- 한자어의 이해와 활용능력을 길러주기 위한 다양한 유형의 문제 수록
- 본 시험과 같은 유형의 기출 · 예상문제 수록
- 실제 시험처럼 연습할 수 있는 답안지 수록

한자능력검정시험 6급
기출 · 예상문제집

머리말

문자는 언어를 체계화하여 인간의 내면세계를 구체화하고 서술하는 데에 필요한 도구이다. 따라서 한 나라의 문자 정책은 그 나라의 이상과 추구를 구체화하며 아울러 세계 인류의 의식세계를 교류하는 데에 가교架橋 역할을 한다.

지금 우리나라는 문자 정책의 혼선으로 말미암아 어문 교육 정책은 실마리를 찾지 못하고 있으며, 사회 각처에서의 언어적 무가치와 무분별한 외래어 남용을 해소할 수 없어 내 나라 내 글인 한국어의 우수성을 저버리고 있다.

새삼 한국어의 구성을 강조하지 않더라도 한국어는 한자와 한글로 구성되었음은 누구나 아는 사실이다. 특히 그 구성에 있어서 한자 어휘가 약 70% 이상을 차지하고 있으므로 한자와 한글을 따로 떼어서 교육하려는 것은 굴대에서 바퀴가 빠진 수레를 몰고자하는 것과 같다. 그럼에도 불구하고 학자들 간의 이권利權으로 말미암아 어문 정책이 양분되어 논쟁을 벌이는 것은 불필요한 지식 소모에 지나지 않는다.

이로 인하여 **(사)한국어문회**에서는 우리글인 한국어를 올바로 인식시키고, 고급 지식의 경제 생산을 이룩하기 위하여 초등학생부터 일반인에 이르기까지 '한자능력검정시험'을 시행하고 있다. 매년 수험생이 증가하고 있어 다행한 일이라 여겨지기는 하나 전국민이 학교의 의무 교육으로부터 올바른 한국어 교육을 받을 수 있도록 정책을 세우는 것보다는 못할 것이다.

한편 사회 각처에서 국한國漢혼용의 필요성이 대두되면서 한자교육학회의 난립과 한자검정시험이 난무하고 있어, 오랜 세월 학자들이 주장해온 국한 혼용의 본래 취지와 한국어 교육의 참뜻을 저해할까 두려운 마음이 앞선다.

다행히 무분별한 외래문화의 수용 속에서 우리 것을 바로 알고 지켜나가는 **(사)한국어문회**가 어문 정책의 일환으로 추진하는 '한자능력검정시험'이 꾸준히 뿌리를 내리고 있어 한결 마음 뿌듯하며, 한국어 학습자와 수험생에게 조금이나마 보탬이 되고자 이 책을 펴낸다.

원 기 춘

차례

시작하기 전에

01 본 문제집은 급수별 시험에 대비하는 학생이나 사회인이 한자어의 이해와 활용 능력을 기르는 데에 도움이 되도록 엮은 것이다.

02 본 문제집은 (사)한국어문회에서 주관하고 한국한자검정회에서 시행하는 한자능력검정시험의 출제유형에 따라 예상문제와 기출·예상문제를 구성한 것이다.

03 본 문제집은 한자능력검정시험과 같이 문제지와 답안지를 별도로 수록하여, 본 시험에 대비해 보다 실전에 가까운 체험을 할 수 있도록 꾸며졌다.

04 본 문제집은 먼저 답안지에 1차 답안을 작성하여 채점한 후에 틀린 부분을 문제지에서 다시 풀어 볼 수 있도록 구성하였다.

05 본 문제집의 예상문제는 출제기준에 따라 각 급수에 배정된 한자의 범위 안에서 엮은 것으로, 본 시험에 가깝게 난이도를 조정하였으며 별도로 정답과 해설을 수록하여 문제의 이해를 높이려고 하였다.

06 (사)한국어문회에서 주관하고 한국한자검정회에서 시행하는 한자능력검정시험은, 급수별로 8급(50자) / 7급Ⅱ(100자) / 7급(150자) / 6급Ⅱ(225자) / 6급(300자) / 5급Ⅱ(400자) / 5급(500자) / 4급Ⅱ(750자) / 4급(1,000자) / 3급Ⅱ(1,500자) / 3급(1,817자) / 2급(2,355자) / 1급(3,500자) / 특급Ⅱ(4,918자) / 특급(5,978자) 등에 배정된 한자의 범위에서 출제되고 있어서 국내 여러 한자검정시험 중 급수별로 가장 많은 배정한자를 지정하고 있다.

07 한자 관련 시험의 종류로는 (사단법인)한국어문회에서 주관하고 한국한자능력검정회에서 시행하는 한자능력검정시험과 국내 각종 한자자격시험 및 한자경시대회 등이 있다.

출제기준

- 상위급수 한자는 모두 하위급수 한자를 포함하고 있습니다.
- 쓰기 배정 한자는 한두 급수 아래의 읽기 배정한자이거나 그 범위 내에 있습니다.
- 공인급수는 특급 ~ 3급Ⅱ이며, 교육급수는 4급 ~ 8급입니다.
- 출제기준표는 기본지침자료로서, 출제자의 의도에 따라 차이가 있을 수 있습니다.
- 급수는 특급, 특급Ⅱ, 1급, 2급, 3급, 3급Ⅱ, 4급, 4급Ⅱ, 5급, 5급Ⅱ, 6급, 6급Ⅱ, 7급, 7급Ⅱ, 8급으로 구분합니다.

구분	특급	특급Ⅱ	1급	2급	3급	3급Ⅱ	4급	4급Ⅱ	5급	5급Ⅱ	6급	6급Ⅱ	7급	7급Ⅱ	8급
독음	45	45	50	45	45	45	32	35	35	35	33	32	32	22	24
한자쓰기	40	40	40	30	30	30	20	20	20	20	20	10	0	0	0
훈음	27	27	32	27	27	27	22	22	23	23	22	29	30	30	24
완성형(成語)	10	10	15	10	10	10	5	5	4	4	3	2	2	2	0
반의어(相對語)	10	10	10	10	10	10	3	3	3	3	3	2	2	2	0
뜻풀이	5	5	10	5	5	5	3	3	3	3	2	2	2	2	0
동음이의어	10	10	10	5	5	5	3	3	3	3	2	0	0	0	0
부수	10	10	10	5	5	5	3	3	0	0	0	0	0	0	0
동의어(類義語)	10	10	10	5	5	5	3	3	3	3	2	0	0	0	0
약자	3	3	3	3	3	3	3	3	3	3	0	0	0	0	0
장단음	10	10	10	5	5	5	3	0	0	0	0	0	0	0	0
한문	20	20	0	0	0	0	0	0	0	0	0	0	0	0	0
필순	0	0	0	0	0	0	0	0	3	3	3	3	2	2	2
출제문항(計)	200			150			100				90	80	70	60	50
합격문항	160			105			70				63	56	49	42	35
시험시간(분)	100	90		60			50								

- 한자능력검정시험은 《(사)한국어문회》가 주관하고, 《한국한자능력검정회》가 1992년 12월 9일 전국적으로 시행하여 현재에 이르기까지 매년 시행하고 있는 국내 최고의 한자자격시험입니다. 또한 시험에 합격한 재학생은 내신 반영은 물론, 2000학년부터 3급과 2급 합격자를 대상으로 일부 대학에서 특기자 전형 신입생을 선발함으로써 더욱 권위있고 의미있는 한자자격시험으로 인정받고 있습니다.
- 《(사)한국어문회》는 1992년 6월 22일에 문화부 장관 인가로 발족하고, 그 산하에 《한국한자능력검정회》를 두고 있습니다.
- 한자능력검정시험은 국어의 전통성 회복과 국어 생활을 바르게 하는 데에 그 목적이 있습니다. 따라서 시험에 출제되는 내용은 교과서·교양서적·논고 등에서 출제될 것입니다.

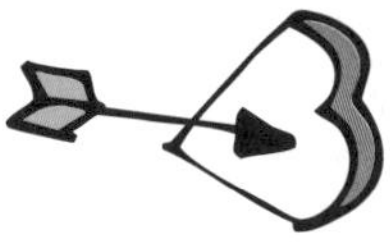

100% 내 것으로 만들기

이 책은 '한자능력검정시험'에 대비하여 자신이 그동안 공부한 것을 평가하고, 자신에게 부족한 것이 무엇인가를 확인할 수 있도록, 시험 출제 가능성이 큰 내용을 위주로 엮은 것입니다.
아래의 길라잡이는 수험생이 자기 실력을 향상시키는 데에 도움이 될 수 있는 요점을 정리한 것이니, 이 책을 학습하기 전에 꼭 읽어보도록 하세요.

✔ **문제 풀이하기** 시험지가 몇 회인지, 시험 시간과 출제 문항수를 확인하고, 문제지 뒤에 붙어있는 답안지를 오려서 문제 번호를 확인하며 답안을 작성합니다.

✔ **정답 및 해설 확인하기** 시험을 마친 후에는 정답의 번호를 확인하며 답안지에 틀린 것을 표시합니다. 그런 다음에는 틀린 문제의 해설을 확인하고 오답의 이유가 무엇이었는지를 알아야 합니다.

✔ **학습 효과 높이기** 틀린 문제를 공책에 별도로 적어두었다가 반복하여 쪽지 시험으로 확인하면 학습의 효과를 높일 수 있습니다.

✔ **자신의 실력을 인정하기** 문제를 풀이한 후에 점수가 70점이 넘지 않은 수험생은 기초가 튼튼하지 못하다는 것을 스스로 인정하고, 문제집 앞에 수록된 배정한자, 반의어, 유의어, 한자성어 등을 학습하여야 합니다. 기초가 튼튼하지 않으면 공부를 해도 실력이 향상되지 않기 때문입니다.

✔ **기초 튼튼 다지기** 먼저 불투명한 종이로 배정한자의 훈과 음을 가리고 한자만을 보고 훈과 음을 읽는 연습을 합니다. 그런 다음에는 한자를 가리고 훈과 음만을 보고 한자 쓰기 연습을 합니다.
무엇보다 자신의 실력을 인정하고 부족한 것부터 채워가는 노력이야말로 최고의 학습 방법입니다.

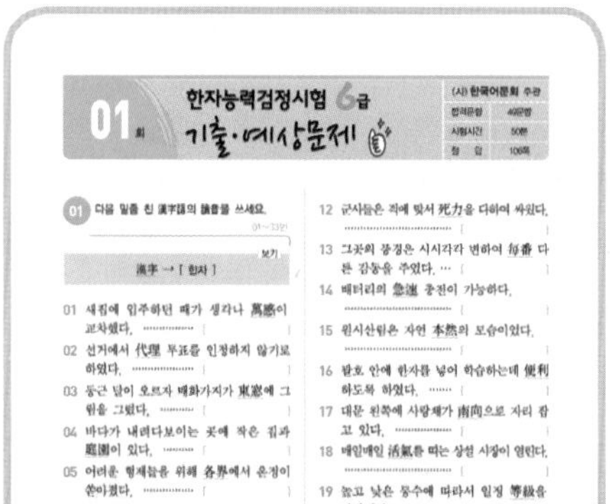
01회 한자능력검정시험 6급 기출·예상문제

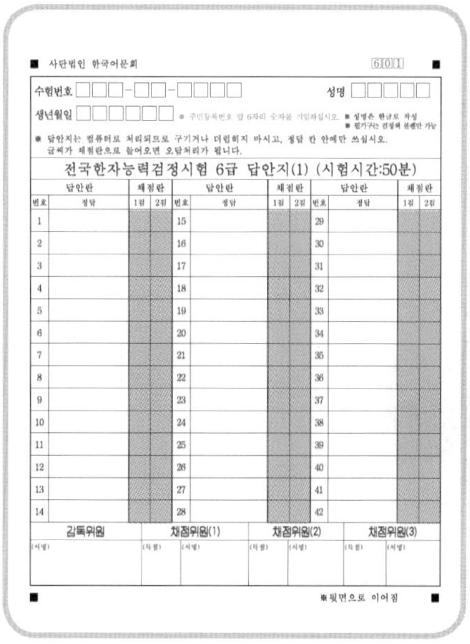
전국한자능력검정시험 6급 답안지(1) (시험시간:50분)

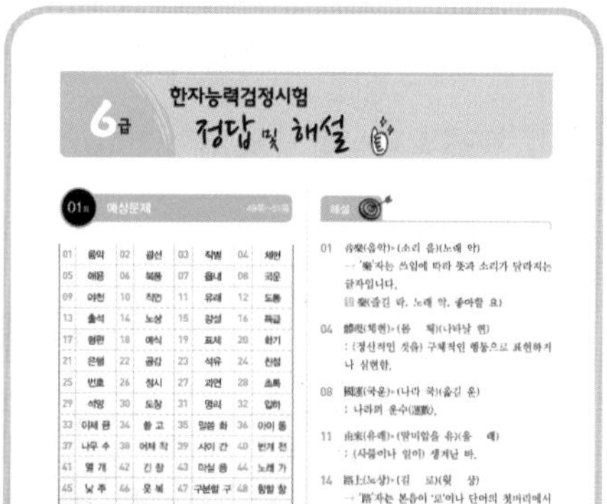
6급 한자능력검정시험 정답 및 해설

꾸준이의 일기

성적(成績)

오늘은 한자 시험을 치르는 날이었다.

"70점만 받으면 합격이다!" 그 정도 점수를 얻는 것은 그렇게 어려울 것 같지 않았다.

하지만 선생님께서 "성적은 쌓는 것이 아니라, 천을 짜는 것과 같은 것이다."라고 하신 말씀이 생각났다.

오늘 점수 50점과 내일 점수 50점을 합친다고 해서 온전한 100점이 될 수 있는 것이 아니라는 말씀이셨다.

예를 들어, 100점이 '옷 한 벌을 지을 수 있는 천을 짠 것'이라면 70점은 같은 수고를 했으면서도 '옷 한 벌을 온전하게 지을 수 없어서 나중에 30점을 더해도 누더기 옷을 지을 수밖에 없다'는 것이다.

"아, 100점으로 합격해서 멋진 옷을 만들어 입고 싶다!!"

✓ '성적(成績)'은 '이룰 성(成)'자와 '길쌈 적(績)'자로 이루어진 한자어입니다. '길쌈 적(績)'자와 '쌓을 적(積)'자를 구별하세요!

8급~6급 급수별 배정한자(가나다 순) 300자

ː표는 長音, ‣표는 長·短音 漢字임

8급 배정한자

教	가르칠	교ː	攴 – 총11획
校	학교學校	교ː	木 – 총10획
九	아홉	구	乙 – 총 2획
國	나라	국	口 – 총11획
軍	군사軍士/軍事	군	車 – 총 9획
金	쇠	금	
	성姓	김	金 – 총 8획
南	남녘	남	十 – 총 9획
女	계집	녀	女 – 총 3획
年	해	년	干 – 총 6획
大	큰	대‣	大 – 총 3획
東	동녘	동	木 – 총 8획
六	여섯	륙	八 – 총 4획
萬	일만	만ː	艸 – 총13획
母	어미	모ː	毋 – 총 5획
木	나무	목‣	木 – 총 4획
門	문	문	門 – 총 8획
民	백성百姓	민	氏 – 총 5획
白	흰	백	白 – 총 5획
父	아비	부	父 – 총 4획
北	북녘	북	
	달아날	배	匕 – 총 5획
四	넉	사ː	口 – 총 5획
山	메	산	山 – 총 3획
三	석	삼	一 – 총 3획
生	날	생	
	낳을	생	生 – 총 5획
西	서녘	서	襾 – 총 6획
先	먼저	선	儿 – 총 6획
小	작을	소ː	小 – 총 3획
水	물	수	水 – 총 4획
室	집	실	宀 – 총 9획
十	열	십	十 – 총 2획
五	다섯	오ː	二 – 총 4획
王	임금	왕	玉 – 총 4획
外	바깥	외ː	夕 – 총 5획
月	달	월	月 – 총 4획
二	두	이ː	二 – 총 2획
人	사람	인	人 – 총 2획
日	날	일	日 – 총 4획
一	한	일	一 – 총 1획
長	긴	장‣	長 – 총 8획
弟	아우	제ː	弓 – 총 7획
中	가운데	중	丨 – 총 4획
青	푸를	청	青 – 총 8획
寸	마디	촌ː	寸 – 총 3획
七	일곱	칠	一 – 총 2획
土	흙	토	土 – 총 3획
八	여덟	팔	八 – 총 2획
學	배울	학	子 – 총16획

한자	훈	음	부수–총획
韓	나라	한ˑ	
	한국韓國	한ˑ	韋–총17획
兄	형	형	儿–총 5획
火	불	화ˑ	火–총 4획

※ 8급은 모두 50자입니다. 8급 시험에서 한자쓰기 문제는 출제되지 않습니다. 하지만, 8급 한자는 모든 급수의 기초가 되므로 많이 읽고 그 쓰임에 대하여 알아보는 것이 중요합니다.

7급Ⅱ 배정한자

한자	훈	음	부수–총획
家	집	가	宀–총10획
間	사이	간ˑ	門–총12획
江	강	강	水–총 6획
車	수레	거	
	수레	차	車–총 7획
空	빌[虛空]	공	穴–총 8획
工	장인匠人	공	工–총 3획
記	기록할	기	言–총10획
氣	기운氣運	기	气–총10획
男	사내	남	田–총 7획
內	안	내ː	入–총 4획
農	농사農事	농	辰–총13획
答	대답對答	답	竹–총12획
道	길	도ː	
	말할	도ː	辶–총13획
動	움직일	동ː	力–총11획
力	힘	력	力–총 2획
立	설	립	立–총 5획
每	매양每樣	매ˑ	毋–총 7획
名	이름	명	口–총 6획
物	물건物件	물	牛–총 8획
方	모[四角]	방	方–총 4획
不	아닐	불	一–총 4획
事	일	사ː	亅–총 8획
上	윗	상ː	一–총 3획
姓	성姓	성ː	女–총 8획
世	인간人間	세ː	一–총 5획
手	손	수ˑ	手–총 4획
時	때	시	日–총10획
市	저자	시ː	巾–총 5획
食	먹을	식	
	밥	사/식	食–총 9획
安	편안便安	안	宀–총 6획
午	낮	오ː	十–총 4획
右	오를	우ː	
	오른(쪽)	우ː	口–총 5획
自	스스로	자	自–총 6획
子	아들	자	子–총 3획
場	마당	장	土–총12획
電	번개	전ː	雨–총13획
前	앞	전	刀–총 9획
全	온전	전	入–총 6획
正	바를	정ˑ	止–총 5획
足	발	족	足–총 7획
左	왼	좌ː	工–총 5획
直	곧을	직	目–총 8획
平	평평할	평	干–총 5획
下	아래	하ː	一–총 3획
漢	한수漢水	한ː	
	한나라	한ː	水–총14획
海	바다	해ː	水–총10획
話	말씀	화	言–총13획
活	살[生活]	활	水–총 9획

孝	효도孝道	효:	子 – 총 7획
後	뒤	후:	彳 – 총 9획

※ 7급Ⅱ는 8급[50자]에 새로운 한자 50자를 더하여 모두 100자입니다. 7급Ⅱ에서 한자쓰기 문제는 출제되지 않습니다. 하지만, 7급Ⅱ에서 사용되는 한자는 앞으로 공부할 모든 급수에서 중요한 한자이므로 모두 쓸 수 있도록 학습하는 것이 좋습니다.

7급 배정한자

歌	노래	가	欠 – 총14획
口	입	구›	口 – 총 3획
旗	기	기	方 – 총14획
冬	겨울	동›	冫 – 총 5획
洞	골	동:	
	밝을	통:	水 – 총 9획
同	한가지	동	口 – 총 6획
登	오를[登壇]	등	癶 – 총12획
來	올	래›	人 – 총 8획
老	늙을	로:	老 – 총 6획
里	마을	리:	里 – 총 7획
林	수풀	림	木 – 총 8획
面	낯	면:	面 – 총 9획
命	목숨	명:	口 – 총 8획
文	글월	문	文 – 총 4획
問	물을	문:	口 – 총11획
百	일백	백	白 – 총 6획
夫	지아비	부	大 – 총 4획
算	셈	산:	竹 – 총14획
色	빛	색	色 – 총 6획
夕	저녁	석	夕 – 총 3획
所	바	소:	戶 – 총 8획
少	적을[젊을]	소:	小 – 총 4획
數	셈	수›	
	자주	삭	攴 – 총15획
植	심을	식	木 – 총12획
心	마음	심	心 – 총 4획
語	말씀	어:	言 – 총14획
然	그럴	연	火 – 총12획
有	있을	유:	月 – 총 6획
育	기를	육	肉 – 총 8획
邑	고을	읍	邑 – 총 7획
入	들	입	入 – 총 2획
字	글자	자	子 – 총 6획
祖	할아비	조	示 – 총10획
住	살	주:	人 – 총 7획
主	임금	주	
	주인主人	주	丶 – 총 5획
重	무거울	중:	里 – 총 9획
地	땅[따]	지	土 – 총 6획
紙	종이	지	糸 – 총10획
川	내	천	巛 – 총 3획
千	일천	천	十 – 총 3획
天	하늘	천	大 – 총 4획
草	풀	초	艸 – 총10획
村	마을	촌:	木 – 총 7획
秋	가을	추	禾 – 총 9획
春	봄	춘	日 – 총 9획
出	날	출	凵 – 총 5획
便	편할	편›	※'편'만 장단음
	똥오줌	변	人 – 총 9획
夏	여름	하:	夊 – 총10획
花	꽃	화	艸 – 총 8획
休	쉴	휴	人 – 총 6획

※ 7급은 7급Ⅱ[100자]에 새로운 한자 50자를 더하여 모두 150자입니다.
7급에서 한자쓰기 문제는 출제되지 않습니다. 하지만 7급에서 사용되는 한자는 앞으로 공부할 모든 급수에서 중요한 한자이므로 모두 쓸 수 있도록 학습하는 것이 좋습니다.

6급Ⅱ 배정한자

各	각각	각	口－총 6획
角	뿔	각	角－총 7획
計	셀	계 :	言－총 9획
界	지경地境	계 :	田－총 9획
高	높을	고	高－총10획
功	공[功勳]	공	力－총 5획
公	공평할	공	八－총 4획
共	한가지	공 :	八－총 6획
科	과목科目	과	禾－총 9획
果	실과實果	과 :	木－총 8획
光	빛	광	儿－총 6획
球	공	구	玉－총11획
今	이제	금	人－총 4획
急	급할	급	心－총 9획
短	짧을	단 ▸	矢－총12획
堂	집	당	土－총11획
代	대신할	대 :	人－총 5획
對	대할	대 :	寸－총14획
圖	그림	도	口－총14획
讀	읽을	독	
	구절句節	두	言－총22획
童	아이	동 ▸	立－총12획
等	무리	등 :	竹－총12획
樂	즐길	락	
	노래	악	
	좋아할	요	木－총15획
理	다스릴	리 :	玉－총11획
利	이할	리 :	刀－총 7획
明	밝을	명	日－총 8획
聞	들을	문 ▸	耳－총14획
班	나눌	반	玉－총10획
反	돌이킬	반 :	又－총 4획
半	반	반 :	十－총 5획
發	필	발	癶－총12획
放	놓을	방 ▸	攴－총 8획
部	떼[部類]	부	邑－총11획
分	나눌	분 ▸	刀－총 4획
社	모일	사	示－총 8획
書	글	서	曰－총10획
線	줄[針線]	선	糸－총15획
雪	눈	설	雨－총11획
省	살필	성	
	덜	생	目－총 9획
成	이룰	성	戈－총 7획
消	사라질	소	水－총10획
術	재주	술	行－총11획
始	비로소	시 :	女－총 8획
神	귀신鬼神	신	示－총10획
身	몸	신	身－총 7획
信	믿을	신 :	人－총 9획
新	새	신	斤－총13획
藥	약	약	艸－총19획
弱	약할	약	弓－총10획
業	업	업	木－총13획
勇	날랠	용 :	力－총 9획
用	쓸	용 :	用－총 5획
運	옮길	운 :	辶－총13획

한자	훈	음	부수·총획
音	소리	음	音 – 총 9획
飮	마실	음ˑ	食 – 총13획
意	뜻	의ː	心 – 총13획
昨	어제	작	日 – 총 9획
作	지을	작	人 – 총 7획
才	재주	재	手 – 총 3획
戰	싸움	전ː	戈 – 총16획
庭	뜰	정	广 – 총10획
題	제목題目	제	頁 – 총18획
第	차례	제ː	竹 – 총11획
注	부을	주ː	水 – 총 8획
集	모을	집	隹 – 총12획
窓	창	창	穴 – 총11획
淸	맑을	청	水 – 총11획
體	몸	체	骨 – 총23획
表	겉	표	衣 – 총 8획
風	바람	풍	風 – 총 9획
幸	다행多幸	행ː	干 – 총 8획
現	나타날[現象]	현ː	玉 – 총11획
形	모양	형	彡 – 총 7획
和	화할	화	口 – 총 8획
會	모일	회ː	日 – 총13획

※ 6급Ⅱ는 7급[150자]에 새로운 한자 75자를 더한 225자입니다.
단, 6급Ⅱ에서의 한자쓰기 문제는 8급[50자]에서 출제됩니다.

6급 배정한자

한자	훈	음	부수·총획
感	느낄	감ː	心 – 총13획
强	강할[強=强]	강ˑ	弓 – 총11획
開	열	개	門 – 총12획
京	서울	경	亠 – 총 8획
苦	쓸[味覺]	고	艸 – 총 9획
古	예	고ː	口 – 총 5획
交	사귈	교	亠 – 총 6획
區	구분할	구	
	지경地境	구	匸 – 총11획
郡	고을	군ː	邑 – 총10획
近	가까울	근ː	辶 – 총 8획
根	뿌리	근	木 – 총10획
級	등급等級	급	糸 – 총10획
多	많을	다	夕 – 총 6획
待	기다릴	대ː	彳 – 총 9획
度	법도法度	도ˑ	
	헤아릴	탁	广 – 총 9획
頭	머리	두	頁 – 총16획
例	법식法式	례ː	人 – 총 8획
禮	예도禮度	례ː	示 – 총18획
路	길	로ː	足 – 총13획
綠	푸를	록	糸 – 총14획
李	오얏	리ː	
	성姓	리ː	木 – 총 7획
目	눈	목	目 – 총 5획
米	쌀	미	米 – 총 6획
美	아름다울	미ˑ	羊 – 총 9획
朴	성姓	박	木 – 총 6획
番	차례	번	田 – 총12획
別	다를	별	
	나눌	별	刀 – 총 7획
病	병	병ː	疒 – 총10획
服	옷	복	月 – 총 8획
本	근본根本	본	木 – 총 5획
死	죽을	사ː	歹 – 총 6획

한자	훈	음	부수 – 총획
使	하여금	사:	
	부릴	사:	人 – 총 8획
石	돌	석	石 – 총 5획
席	자리	석	巾 – 총10획
速	빠를	속	辶 – 총11획
孫	손자孫子	손▸	子 – 총10획
樹	나무	수	木 – 총16획
習	익힐	습	羽 – 총11획
勝	이길	승	力 – 총12획
式	법法	식	弋 – 총 6획
失	잃을	실	大 – 총 5획
愛	사랑	애▸	心 – 총13획
野	들[坪]	야:	里 – 총11획
夜	밤	야:	夕 – 총 8획
陽	볕	양	阜 – 총12획
洋	큰바다	양	水 – 총 9획
言	말씀	언	言 – 총 7획
永	길	영:	水 – 총 5획
英	꽃부리	영	艸 – 총 9획
溫	따뜻할	온	水 – 총13획
園	동산	원	囗 – 총13획
遠	멀	원:	辶 – 총14획
油	기름	유	水 – 총 8획
由	말미암을	유	田 – 총 5획
銀	은	은	金 – 총14획
衣	옷	의	衣 – 총 6획
醫	의원醫院/醫員	의	酉 – 총18획
者	놈	자	老 – 총 9획
章	글	장	立 – 총11획
在	있을	재:	土 – 총 6획
定	정할	정:	宀 – 총 8획
朝	아침	조	月 – 총12획
族	겨레	족	方 – 총11획
晝	낮	주	日 – 총11획
親	친할	친	見 – 총16획
太	클	태	大 – 총 4획
通	통할	통	辶 – 총11획
特	특별할	특	牛 – 총10획
合	합할	합	
	홉	홉	口 – 총 6획
行	다닐	행▸	※'행'만 장단음
	항렬行列	항	行 – 총 6획
向	향할	향:	口 – 총 6획
號	이름	호▸	虍 – 총13획
畫	그림	화:	※'화'만 장음
	그을[劃]	획	田 – 총13획
黃	누를	황	黃 – 총12획
訓	가르칠	훈:	言 – 총10획

※ 6급은 6급Ⅱ[225자]에 새로운 한자 75자를 더하여 모두 300자입니다.
단, 6급에서의 한자쓰기 문제는 7급[150자]에서 출제됩니다.

✐ 한자는 서체에 따라 글자 모양이 달라져 보이나 모두 정자로 인정됩니다.

[참고 漢字]

示 = 礻	青 = 靑
神(神) 祈(祈) 祝(祝) 祖(祖)	淸(清) 請(請) 晴(晴) 情(情)
糸 = 糹	**飠 = 食**
線(線) 經(經) 續(續) 紙(紙)	飮(飲) 飯(飯) 餘(餘) 飽(飽)
辶 = 辶	**八 = ソ**
送(送) 運(運) 遂(遂) 遵(遵)	尊(尊) 說(説) 曾(曾) 墜(墜)

시험에 꼭! 출제되는 꾸러미

6급

★

한자의 훈[訓 : 뜻] · 음[音 : 소리]

한글은 말소리를 그대로 기호로 나타내는 소리글자이지만, 한자(漢字)는 각각의 글자가 언어의 소리와 상관없이 일정한 뜻을 나타내는 뜻글자입니다. 때문에 한자는 뜻과 소리를 함께 익혀야 그 뜻을 정확하게 전달할 수 있습니다.

敎 (가르칠 교 : 攴부 총11획) → '敎'자의 뜻[훈(訓)]은 '가르치다', 소리[음(音)]는 '교'입니다.

學 (배울 학 : 子부 총16획) → '學'자의 뜻[훈(訓)]은 '배우다', 소리[음(音)]는 '학'입니다.

★

한자의 획과 획수

획(劃)은 한자(漢字)를 이루고 있는 하나하나의 선(線)이나 점(點), 또는 한 번에 그은 줄이나 점을 말하고, 획수(劃數)는 한자를 이루고 있는 '획의 수'를 말합니다.

兄 (형 형 : 儿부 총5획) → '兄'자는 '口'자의 3획과 '儿'자의 2획이 합해져서 모두 5획입니다.

男 (사내 남 : 田부 총7획) → '男'자는 '田'자의 5획과 '力'자의 2획이 합해져서 모두 7획입니다.

★

한자의 획순

획순(劃順)은 한자(漢字)를 구성하고 있는 획을 쓰는 순서로, 필순(筆順)이라고도 합니다. 한자의 쓰기 학습은 획순이 매우 중요합니다. 왜냐하면 획순은 글자를 쓰는 차례이며 규칙이기 때문입니다. 차례와 규칙이 없다면 모든 것이 혼란스럽듯이 한자의 획순 또한 순서에 따라 바르게 익히지 않으면 글씨를 예쁘게 쓸 수 없는 것은 물론이고, 애쓰고 익힌 글자도 오래도록 기억할 수 없습니다.

01 왼쪽에서부터 오른쪽으로 씁니다.

예 7급 川 내 천 : 巛부 총 3획 → 

8급 北 북녘 북 : 匕부 총 5획 → 

7Ⅱ 物 물건 물 : 牛부 총 8획 → 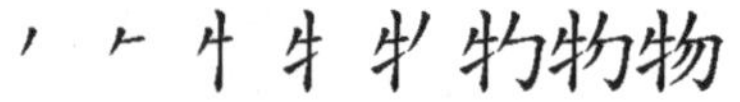

7Ⅱ 姓 성 성 : 女부 총 8획 → 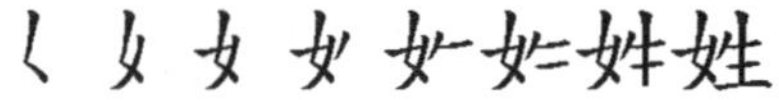

7급 旗 기 기 : 方부 총14획 → 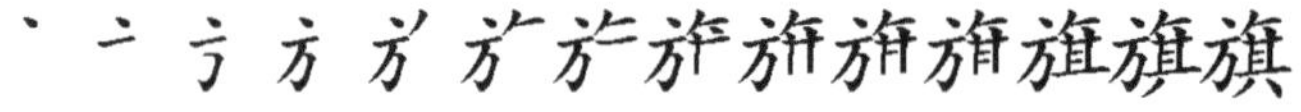

02 위에서부터 아래로 내려씁니다.

예 8급 三 석 삼 : 一부 총 3획 → 

8급 金 쇠 금 : 金부 총 8획 → 

7급 花 꽃 화 : 艸부 총 8획 → 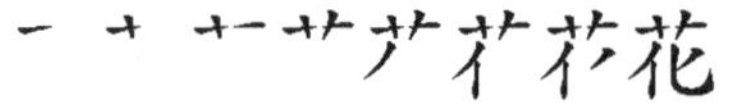

8급 室 집 실 : 宀부 총 9획 → 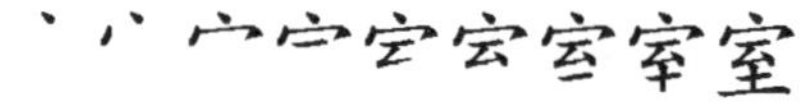

7Ⅱ 電 번개 전 : 雨부 총13획 → 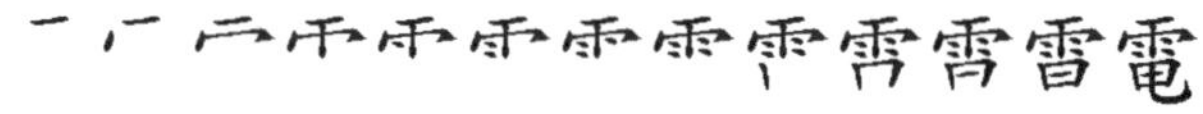

03 가로획과 세로획이 교차(交叉)할 때에는 가로획[一]을 먼저 쓰고, 세로획[丨]을 나중에 씁니다.

예 8급 十 열 십 : 十부 총 2획 → 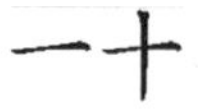

8급 寸 마디 촌 : 寸부 총 3획 → 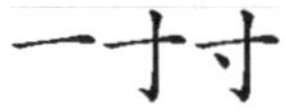

8급 木 나무 목 : 木부 총 4획 → 

7Ⅱ 世 인간 세 : 一부 총 5획 → 

7급 地 땅[따] 지 : 土부 총 6획 → 

04 삐침[丿]과 파임[㇏]이 서로 만날 때에는 삐침[丿]을 먼저 쓰고, 파임[㇏]을 나중에 씁니다.

예 8급 人 사람 인 : 人부 총 2획 → 

8급 大 큰　대 : 大부 총 3획 → 一 ナ 大
8급 父 아비　부 : 父부 총 4획 → ノ ハ ク 父
7급 文 글월　문 : 文부 총 4획 → 丶 亠 ナ 文
7Ⅱ 後 뒤　후 : 彳부 총 9획 → ノ ク 彳 彳 彳 彳 彳 後 後

05	안쪽 획을 감싸는 글자는 바깥쪽 획을 먼저, 안쪽 획을 중간에, 아래 획을 나중에 쓴 다음 안쪽 획이 밑으로 쏟아지지 않도록 잘 닫습니다.

예 8급 四 넉　사 : 囗부 총 5획 → 丨 冂 冂 四 四
8급 國 나라　국 : 囗부 총11획 → 丨 冂 冂 冂 冂 冂 冂 國 國 國 國
7급 百 일백　백 : 白부 총 6획 → 一 丆 了 丙 百 百
7Ⅱ 直 곧을　직 : 目부 총 8획 → 一 十 亣 古 古 育 直 直
7급 面 낯　면 : 面부 총 9획 → 一 丆 了 丙 而 而 而 而 面

06	가운데 획을 중심으로 대칭(對稱)을 이루는 글자는 가운데 획을 먼저 쓰고, 다음으로 왼쪽 획을 쓰고, 맨 나중에 오른쪽 획을 씁니다.

예 8급 山 메　산 : 山부 총 3획 → 丨 ㄩ 山
8급 小 작을　소 : 小부 총 3획 → 亅 小 小
7급 少 적을　소 : 小부 총 4획 → 亅 小 小 少
7급 出 날　출 : 凵부 총 5획 → 丨 屮 屮 出 出
6급 永 길　영 : 水부 총 5획 → 丶 亅 刁 永 永

07	글자 전체를 꿰뚫고 지나는 획은 맨 나중에 씁니다.

예 8급 母 어미　모 : 毋부 총 5획 → ㄴ 母 母 母 母
8급 中 가운데　중 : 丨부 총 4획 → 丨 口 口 中

7Ⅱ 車 수레 거/차 : 車부 총 7획 → 

7Ⅱ 事 일 사 : 亅부 총 8획 → 

7Ⅱ 海 바다 해 : 水부 총10획 → 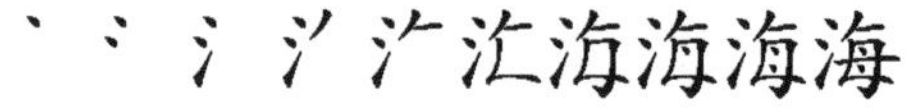

08 글자의 오른쪽 위에 있는 점은 맨 나중에 씁니다.

예 6Ⅱ 代 대신할 대 : 人부 총 5획 → 

6Ⅱ 成 이룰 성 : 戈부 총 7획 → 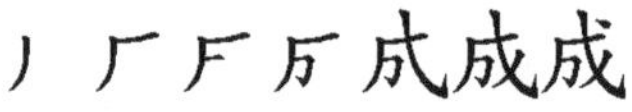

6급 式 법 식 : 弋부 총 6획 → 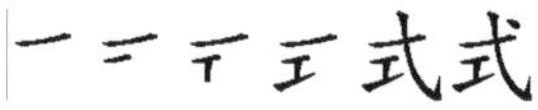

6Ⅱ 戰 싸움 전 : 戈부 총16획 → 

5Ⅱ 識 알 식 : 言부 총19획 → 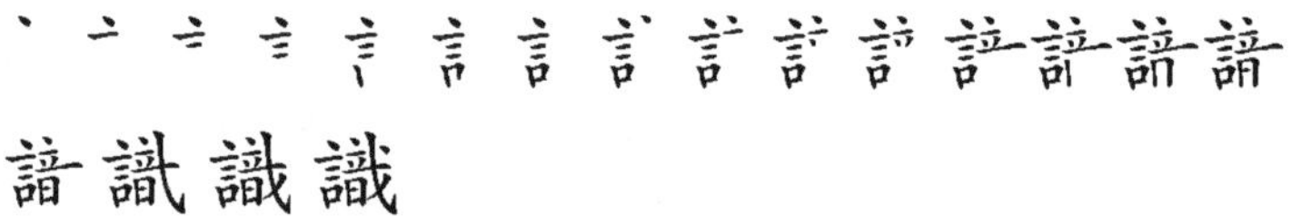

※ 주의! 받침 '辶'은 '辶'과 같은 글자입니다.

09 '走'자와 같은 받침이 있는 글자는 받침[走]을 먼저 씁니다.

예 4Ⅱ 起 일어날 기 : 走부 총10획 → 

10 '辶, 廴'와 같은 받침이 있는 글자는 받침[辶, 廴]을 나중에 씁니다.

예 7Ⅱ 道 길 도 : 辶부 총13획 → 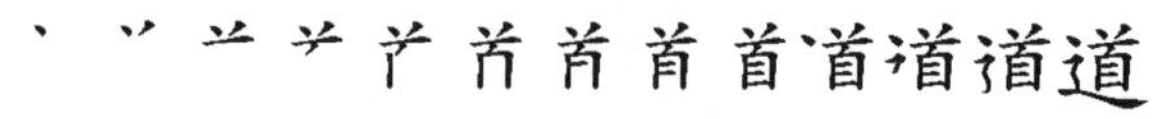

6급 近 가까울 근 : 辶부 총 8획 → 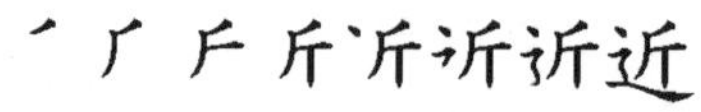

6급 速 빠를 속 : 辶부 총11획 → 

6급 遠 멀 원 : 辶부 총14획 → 

5급 建 세울 건 : 廴부 총 9획 → 

상대자 · 반대자

두 개의 글자가 서로 상대, 또는 반대되는 뜻을 가진 한자를 말합니다.

강	강	7Ⅱ	江	↔	山	8급	메	산	강산
강할	강	6급	強	↔	弱	6Ⅱ	약할	약	강약
높을	고	6Ⅱ	高	↔	下	7Ⅱ	아래	하	고하
쓸	고	6급	苦	↔	樂	6Ⅱ	즐길	락	고락
예	고	6급	古	↔	今	6Ⅱ	이제	금	고금
가르칠	교	8급	教	↔	習	6급	익힐	습	교습
가르칠	교	8급	教	↔	學	8급	배울	학	교학
남녘	남	8급	南	↔	北	8급	북녘	북	남북
사내	남	7Ⅱ	男	↔	女	8급	계집	녀	남녀
안	내	7Ⅱ	內	↔	外	8급	바깥	외	내외
많을	다	6급	多	↔	少	7급	적을	소	다소
큰	대	8급	大	↔	小	8급	작을	소	대소
동녘	동	8급	東	↔	西	8급	서녘	서	동서
늙을	로	7급	老	↔	童	6Ⅱ	아이	동	노동

늙을	로	7급	老	↔	少	7급	적을	소	노소
어미	모	8급	母	↔	子	7Ⅱ	아들	자	모자
물을	문	7급	問	↔	答	7Ⅱ	대답	답	문답
물건	물	7Ⅱ	物	↔	心	7급	마음	심	물심
아비	부	8급	父	↔	母	8급	어미	모	부모
아비	부	8급	父	↔	子	7Ⅱ	아들	자	부자
나눌	분	6Ⅱ	分	↔	合	6급	합할	합	분합
죽을	사	6급	死	↔	活	7Ⅱ	살	활	사활
메	산	8급	山	↔	川	7급	내	천	산천
메	산	8급	山	↔	海	7Ⅱ	바다	해	산해
윗	상	7Ⅱ	上	↔	下	7Ⅱ	아래	하	상하
날	생	8급	生	↔	死	6급	죽을	사	생사
물	수	8급	水	↔	火	8급	불	화	수화
손	수	7Ⅱ	手	↔	足	7Ⅱ	발	족	수족

새	신	6II	新 ↔ 古	6급	예	고	신고
마음	심	7급	心 ↔ 身	6II	몸	신	심신
마음	심	7급	心 ↔ 體	6II	몸	체	심체
말씀	언	6급	言 ↔ 文	7급	글월	문	언문
말씀	언	6급	言 ↔ 行	6급	다닐	행	언행
멀	원	6급	遠 ↔ 近	6급	가까울	근	원근
소리	음	6II	音 ↔ 訓	6급	가르칠	훈	음훈
사람	인	8급	人 ↔ 天	7급	하늘	천	인천
날	일	8급	日 ↔ 月	8급	달	월	일월
아들	자	7II	子 ↔ 女	8급	계집	녀	자녀
어제	작	6II	昨 ↔ 今	6II	이제	금	작금
긴	장	8급	長 ↔ 短	6II	짧을	단	장단
앞	전	7II	前 ↔ 後	7II	뒤	후	전후
바를	정	7II	正 ↔ 反	6II	돌이킬	반	정반
아침	조	6급	朝 ↔ 夕	7급	저녁	석	조석

아침	조	6급	朝 ↔ 野	6급	들	야	조야
할아비	조	7급	祖 ↔ 孫	6급	손자	손	조손
왼	좌	7II	左 ↔ 右	7II	오른	우	좌우
낮	주	6급	晝 ↔ 夜	6급	밤	야	주야
가운데	중	8급	中 ↔ 外	8급	바깥	외	중외
하늘	천	7급	天 ↔ 地	7급	땅[따]	지	천지
봄	춘	7급	春 ↔ 秋	7급	가을	추	춘추
날	출	7급	出 ↔ 入	7급	들	입	출입
여름	하	7급	夏 ↔ 冬	7급	겨울	동	하동
배울	학	8급	學 ↔ 問	7급	물을	문	학문
바다	해	7II	海 ↔ 空	7II	빌	공	해공
형	형	8급	兄 ↔ 弟	8급	아우	제	형제
화할	화	6II	和 ↔ 戰	6II	싸움	전	화전
가르칠	훈	6급	訓 ↔ 學	8급	배울	학	훈학

유의자

두 개의 글자가 서로 뜻이 비슷하고 대등한 뜻을 가진 한자를 말합니다.

노래	가 7급	歌	-	樂 6Ⅱ	노래	악	가악
집	가 7Ⅱ	家	-	室 8급	집	실	가실
셀	계 6Ⅱ	計	-	算 7급	셈	산	계산
셀	계 6Ⅱ	計	-	數 7급	셈	수	계수
장인	공 7Ⅱ	工	-	作 6Ⅱ	지을	작	공작
한가지	공 6Ⅱ	共	-	同 7급	한가지	동	공동
과목	과 6Ⅱ	科	-	目 6급	눈	목	과목
빛	광 6Ⅱ	光	-	明 6Ⅱ	밝을	명	광명
빛	광 6Ⅱ	光	-	色 7급	빛	색	광색
가르칠	교 8급	敎	-	訓 6급	가르칠	훈	교훈
구분할	구 6급	區	-	別 6급	다를	별	구별
구분할	구 6급	區	-	分 6Ⅱ	나눌	분	구분
고을	군 6급	郡	-	邑 7급	고을	읍	군읍
뿌리	근 6급	根	-	本 6급	근본	본	근본
급할	급 6Ⅱ	急	-	速 6급	빠를	속	급속
집	당 6Ⅱ	堂	-	室 8급	집	실	당실
그림	도 6Ⅱ	圖	-	畫 6급	그림	화	도화
길	도 7Ⅱ	道	-	路 6급	길	로	도로
길	도 7Ⅱ	道	-	理 6Ⅱ	다스릴	리	도리
골	동 7급	洞	-	里 7급	마을	리	동리
한가지	동 7급	同	-	等 6Ⅱ	무리	등	동등
한가지	동 7급	同	-	一 8급	한	일	동일
무리	등 6Ⅱ	等	-	級 6급	등급	급	등급
법식	례 6급	例	-	式 6급	법	식	예식
글월	문 7급	文	-	書 6Ⅱ	글	서	문서
글월	문 7급	文	-	章 6급	글	장	문장
모	방 7Ⅱ	方	-	道 7Ⅱ	길	도	방도
차례	번 6급	番	-	第 6Ⅱ	차례	제	번제
나눌	분 6Ⅱ	分	-	別 6급	나눌	별	분별
모일	사 6Ⅱ	社	-	會 6Ⅱ	모일	회	사회

일	사 7Ⅱ	事	-	業	6Ⅱ	업	업	사업
셈	산 7급	算	-	數	7급	셈	수	산수
날	생 8급	生	-	活	7Ⅱ	살	활	생활
인간	세 7Ⅱ	世	-	界	6Ⅱ	지경	계	세계
인간	세 7Ⅱ	世	-	代	6Ⅱ	대신할	대	세대
나무	수 6급	樹	-	林	7급	수풀	림	수림
나무	수 6급	樹	-	木	8급	나무	목	수목
몸	신 6Ⅱ	身	-	體	6Ⅱ	몸	체	신체
말씀	언 6급	言	-	語	7급	말씀	어	언어
길	영 6급	永	-	遠	6급	멀	원	영원
꽃부리	영 6급	英	-	特	6급	특별할	특	영특
옮길	운 6Ⅱ	運	-	動	7Ⅱ	움직일	동	운동
옷	의 6급	衣	-	服	6급	옷	복	의복
재주	재 6Ⅱ	才	-	術	6Ⅱ	재주	술	재술
뜰	정 6Ⅱ	庭	-	園	6급	동산	원	정원
바를	정 7Ⅱ	正	-	方	7Ⅱ	모	방	정방
바를	정 7Ⅱ	正	-	直	7Ⅱ	곧을	직	정직

제목	제 6Ⅱ	題	-	目	6급	눈	목	제목
모을	집 6Ⅱ	集	-	會	6Ⅱ	모일	회	집회
푸를	청 8급	靑	-	綠	6급	푸를	록	청록
마을	촌 7급	村	-	里	7급	마을	리	촌리
날	출 7급	出	-	生	8급	날	생	출생
흙	토 8급	土	-	地	7급	땅[따]	지	토지
밝을	통 7급	洞	-	通	6급	통할	통	통통
편할	편 7급	便	-	安	7Ⅱ	편안	안	편안
평평할	평 7Ⅱ	平	-	等	6Ⅱ	무리	등	평등
평평할	평 7Ⅱ	平	-	安	7Ⅱ	편안	안	평안
평평할	평 7Ⅱ	平	-	和	6Ⅱ	화할	화	평화
배울	학 8급	學	-	習	6급	익힐	습	학습
바다	해 7Ⅱ	海	-	洋	6급	큰바다	양	해양
다닐	행 6급	行	-	動	7Ⅱ	움직일	동	행동
모양	형 6Ⅱ	形	-	式	6급	법	식	형식
말씀	화 7Ⅱ	話	-	言	6급	말씀	언	화언
이름	호 6급	號	-	名	7Ⅱ	이름	명	호명

혼동하기 쉬운 한자

서로 글자의 모양이 비슷하여 혼동하기 쉬운 한자를 말합니다.

각각	각 各	≠	名 이름	명
느낄	감 感	≠	盛 성할	성
열	개 開	≠	聞 들을	문
쓸	고 苦	≠	若 같을	약
예	고 古	≠	吉 길할	길
공	공 功	≠	攻 칠	공
한가지	공 共	≠	典 법	전
과목	과 科	≠	料 헤아릴	료
실과	과 果	≠	東 동녘	동
빛	광 光	≠	先 먼저	선
가르칠	교 教	≠	校 학교	교
사귈	교 交	≠	父 아비	부
공	구 球	≠	救 구원할	구
군사	군 軍	≠	車 수레	거/차
이제	금 今	≠	令 하여금	령
쇠	금 金	≠	全 온전	전
기	기 旗	≠	族 겨레	족
안	내 內	≠	丙 남녘	병
계집	녀 女	≠	安 편안	안
농사	농 農	≠	晨 새벽	신
많을	다 多	≠	夕 저녁	석
기다릴	대 待	≠	侍 모실	시

대신할	대 代	≠	伐 칠	벌
큰	대 大	≠	太 클	태
법도	도 度	≠	席 자리	석
동녘	동 東	≠	束 묶을	속
오를	등 登	≠	發 필	발
즐길	락 樂	≠	藥 약	약
올	래 來	≠	平 평평할	평
힘	력 力	≠	九 아홉	구
법식	례 例	≠	列 벌일	렬
늙을	로 老	≠	孝 효도	효
푸를	록 綠	≠	緣 인연	연
오얏	리 李	≠	季 계절	계
매양	매 每	≠	母 어미	모
나무	목 木	≠	水 물	수
물을	문 問	≠	聞 들을	문
쌀	미 米	≠	來 올	래
백성	민 民	≠	氏 각시	씨
나눌	반 班	≠	斑 아롱질	반
반	반 半	≠	牛 소	우
일백	백 百	≠	白 흰	백
근본	본 本	≠	木 나무	목
지아비	부 夫	≠	天 하늘	천

훈	음	한자		한자	훈	음
북녘	북	北	≠	比	견줄	비
아닐	불	不	≠	下	아래	하
넉	사	四	≠	西	서녘	서
모일	사	社	≠	杜	막을	두
하여금	사	使	≠	便	편할	편
메	산	山	≠	出	날	출
윗	상	上	≠	土	흙	토
빛	색	色	≠	邑	고을	읍
글	서	書	≠	晝	낮	주
돌	석	石	≠	右	오른	우
눈	설	雪	≠	雲	구름	운
작을	소	小	≠	少	적을	소
손자	손	孫	≠	係	맬	계
손	수	手	≠	毛	털	모
이길	승	勝	≠	騰	오를	등
저자	시	市	≠	巾	수건	건
새	신	新	≠	親	친할	친
잃을	실	失	≠	矢	화살	시
사랑	애	愛	≠	受	받을	수
말씀	어	語	≠	話	말씀	화
길	영	永	≠	氷	얼음	빙
낮	오	午	≠	牛	소	우
임금	왕	王	≠	玉	구슬	옥
임금	왕	王	≠	主	임금	주

훈	음	한자		한자	훈	음
쓸	용	用	≠	冊	책	책
오른	우	右	≠	左	왼	좌
기름	유	油	≠	注	부을	주
말미암을	유	由	≠	田	밭	전
마실	음	飮	≠	飯	밥	반
사람	인	人	≠	入	들	입
날	일	日	≠	曰	가로	왈
놈	자	者	≠	考	생각할	고
어제	작	昨	≠	作	지을	작
긴	장	長	≠	辰	별	진
있을	재	在	≠	存	있을	존
재주	재	才	≠	寸	마디	촌
아우	제	弟	≠	第	차례	제
살	주	住	≠	注	부을	주
가운데	중	中	≠	申	납	신
무거울	중	重	≠	里	마을	리
일천	천	千	≠	干	방패	간
일곱	칠	七	≠	匕	비수	비
흙	토	土	≠	士	선비	사
여덟	팔	八	≠	人	사람	인
다행	행	幸	≠	辛	매울	신
모양	형	形	≠	刑	형벌	형
그림	화	畫	≠	晝	낮	주

한자성어 · 사자성어 · 고사성어

- 漢字成語란 우리말의 속담이나 격언 등을 한자로 옮겨 쓴 것을 말합니다.
- 四字成語란 우리말 중에서 4음절로 이루어진 한자어 낱말을 이르는 말입니다.
- 故事成語란 옛날부터 전해 내려오는 내력이 있는 일을 표현한 어구로써 옛사람들이 만든 말을 뜻합니다.

- 各人各色 각인각색

사람마다 각각 다름.

- 見物生心 견물생심

물건을 보면 가지고 싶은 욕심이 생김.

- 共同生活 공동생활

일정한 시간과 공간에서 여럿이 서로 도우며 사는 생활.

- 公明正大 공명정대

하는 일이나 행동에 사사로움이 없이 떳떳하고 바름.

- 交通信號 교통신호

교차로나 건널목 따위에서 사람이나 차량이 질서 있게 가도록 나타내는 표시.

- 九死一生 구사일생

'아홉 번 죽을 뻔하다 한 번 살아난다.'는 뜻으로, '여러 차례 죽을 고비를 겪고 겨우 살아남.'을 이르는 말.

- 國立公園 국립공원

자연과 문화적 가치를 보호하기 위하여 나라에서 관리하는 공원.

- 男女老少 남녀노소

남자와 여자, 늙은이와 젊은이, 곧 모든 사람.

- 男女有別 남녀유별

남자와 여자 사이에 분별이 있어야 함을 이르는 말.

- 老少同樂 노소동락

늙은이와 젊은이가 함께 즐김.

- 大明天地 대명천지

아주 환하게 밝은 세상.

- 東問西答 동문서답

물음과는 전혀 상관없는 엉뚱한 대답. 문동답서(問東答西).

- 東西古今 동서고금

동양과 서양, 옛날과 지금. 인간 사회의 모든 시대, 모든 곳.

- 同姓同本 동성동본

성(姓)과 본관(本貫)이 모두 같음.

- 萬民平等 만민평등

모든 백성이 차별이 없이 동등함.

- 門前成市 문전성시

'집 문 앞이 시장을 이룬다.'는 뜻으로, '찾아오는 사람이 많음'을 이르는 말.

- 百年大計 백년대계

먼 앞날까지 미리 내다보고 세우는 크고 중요한 계획.

- 白面書生 백면서생

희고 고운 얼굴에 글만 읽어서 세상일에 전혀 경험이 없는 사람.

- 百發百中 백발백중

'백 번 쏘아 백 번 맞힌다.'는 뜻으로, '무슨 일이나 틀림없이 잘 들어맞음'을 이르는 말.

- 白衣民族 백의민족

'흰옷을 입은 민족'이라는 뜻으로, '우리민족'을 이르는 말.

- 百戰百勝 백전백승

싸울 때마다 다 이김.

- 父子有親 부자유친

아버지와 아들의 도리는 친애(親愛)함에 있음을 이르는 말.

- 不老長生 불로장생

늙지 아니하고 오래 삶. 장생불로(長生不老).

- 不遠千里 불원천리

천 리 길도 멀다고 여기지 않음.

- 四方八方 사방팔방

여기저기 모든 방향이나 방면.

- 山高水長 산고수장

'산은 높고 강은 길게 흐른다.'는 뜻으로, '인자(仁者)나 군자의 덕행이 한없이 오래 전하여 짐'을 이르는 말.

- 山戰水戰 산전수전

'산에서도 싸우고 물에서도 싸웠다.'는 뜻으로, '세상일의 온갖 고난을 겪은 경험'을 이르는 말.

- 山川草木 산천초목

산과 내와 풀과 나무.

- 生死苦樂 생사고락

삶과 죽음, 괴로움과 즐거움.

- 信用社會 신용사회

틀림이 없을 것으로 믿어 의심하지 않는 인간의 집단.

- 身土不二 신토불이

'몸과 땅은 둘이 아니고 하나'라는 뜻으로, '자기가 사는 땅에서 생산한 농산물이라야 체질에 잘 맞음'을 이르는 말.

- 十中八九 십중팔구

'열 가운데 여덟이나 아홉 정도'라는 뜻으로, '거의 대부분이거나 거의 틀림없음'을 이르는 말.

- 安心立命 안심입명

불교에서 '믿음으로 마음의 편안함을 얻어 하찮은 일에 마음이 흔들리지 않는 경지'를 이르는 말.

樂山樂水 요산요수

산과 물을 좋아함. 즉 자연을 사랑함.

人事不省 인사불성

제 몸에 벌어지는 일을 모를 만큼 정신을 잃은 상태.

一口二言 일구이언

한 입으로 두 말을 함. 말을 이랬다저랬다 함.

一長一短 일장일단

장점도 있고 단점도 있음.

一朝一夕 일조일석

하루아침과 하루 저녁. 아주 짧은 시일.

子孫萬代 자손만대

오래도록 내려오는 여러 대. 세세손손(世世孫孫), 대대손손(代代孫孫).

自手成家 자수성가

물려받은 재산이 없이 자기 혼자의 힘으로 집안을 일으키고 재산을 모음.

自由自在 자유자재

모든 것이 자기 뜻대로 자유롭고 거침이 없음.

作心三日 작심삼일

마음먹은 것이 사흘을 가지 못함. 결심이 굳지 못함.

電光石火 전광석화

번갯불이나 부싯돌의 불이 번쩍이는 것처럼 '몹시 짧은 시간', 또는 '매우 재빠른 동작'을 이르는 말.

天下第一 천하제일

세상에 견줄 만한 것이 없이 최고임.

淸風明月 청풍명월

맑은 바람과 밝은 달. 풍월(風月).

草家三間 초가삼간

'세 칸의 초가'라는 뜻으로, '아주 작은 집'을 이르는 말.

春夏秋冬 춘하추동

'봄·여름·가을·겨울'의 네 계절.

土木工事 토목공사

땅과 하천 따위를 고쳐 만드는 공사.

八道江山 팔도강산

팔도의 강산. 우리나라의 강산.

八方美人 팔방미인

어느 모로 보나 아름다운 사람, 또는 여러 방면에 능통한 사람.

花朝月夕 화조월석

'꽃 피는 아침과 달 밝은 밤'이라는 뜻으로, '경치가 좋은 시절'을 이르는 말.

訓民正音 훈민정음

'백성을 가르치는 바른 소리'라는 뜻으로, '1443년에 세종이 창제한 우리나라 글자'를 이르는 말.

(사) 한국어문회 주관

한자능력 검정시험

예상문제 6급

1회 ~ 15회

정답과 해설은 129 ~ 151쪽에 있습니다.

01회 한자능력검정시험 6급 예상문제

(사) 한국어문회 주관	
합격문항	63문항
시험시간	50분
정 답	129쪽

01 다음 밑줄 친 漢字語의 讀音을 쓰세요. 01~32번

| 보기 |

漢字 → [한자]

01 다양한 音樂을 감상했다. ………………………… [ ]

02 내리쬐는 태양 光線이 따가웠다. ………………………… [ ]

03 친구는 손을 흔들며 作別 인사를 했다. ………………………… [ ]

04 모범적인 양심을 體現하였다. ………………………… [ ]

05 국산품 愛用을 주장하였다. ………………………… [ ]

06 세차게 北風이 몰아쳤다. ………………………… [ ]

07 매월 장날이면 장사꾼들로 邑內가 북적였다. ………………… [ ]

08 기울어가는 國運을 바로잡았다. ………………………… [ ]

09 모닥불을 피워놓고 野川에서 밤을 지새웠다. ………………… [ ]

10 잘못된 일이라고 直言하였다. ………………………… [ ]

11 민속행사의 由來를 알아보았다. ………………………… [ ]

12 그는 道通한 고승처럼 보였다. ………………………… [ ]

13 선생님께서 出席을 부르셨다. ………………………… [ ]

14 그녀는 路上에서 꽃을 팔았다. ………………………… [ ]

15 며칠째 내린 強雪로 교통이 마비되었다. ………………………… [ ]

16 약속 시간에 늦어서 特急열차를 탔다. ………………………… [ ]

17 누나는 아르바이트를 하며 어려운 집안 形便을 도왔다. …… [ ]

18 언니는 축하 속에서 결혼 禮式을 마쳤다. ………………………… [ ]

19 연설문의 表題를 붙였다. ………………………… [ ]

20 그의 얼굴에는 和氣가 돌았다. ………………………… [ ]

21 가원이는 용돈의 일부를 銀行에 저축하였다. ………………… [ ]

22 그도 내 말에 共感하는 눈치였다. ………………………… [ ]

23 오래된 石油 보일러를 교체했다. ………………………… [ ]

24 시집간 딸이 親庭에 들렀다. ………………………… [ ]

25 순서대로 番號를 매겼다.
.... [ ]

26 그는 定時에 도착했다.
.... [ ]

27 "果然 그가 일을 잘 해낼까?"
.... [ ]

28 들판은 草綠 물감을 뿌려놓은 것 같았다.
.... [ ]

29 농부는 夕陽 무렵에 일을 마쳤다.
.... [ ]

30 문서에 이름을 쓰고 圖章을 찍었다.
.... [ ]

31 하늘이 내린 목숨과 자연의 이치를 '命理'라 한다. .... [ ]

32 오늘은 여름이 시작된다는 '立夏'이다.
.... [ ]

02 다음 漢字의 訓과 音을 쓰세요. 33~56번

| 보기 |

字 → [글자 자]

33 今 [ ] 34 苦 [ ]
35 話 [ ] 36 童 [ ]
37 樹 [ ] 38 昨 [ ]
39 間 [ ] 40 電 [ ]
41 開 [ ] 42 長 [ ]
43 飮 [ ] 44 歌 [ ]
45 晝 [ ] 46 服 [ ]
47 區 [ ] 48 向 [ ]
49 交 [ ] 50 有 [ ]
51 寸 [ ] 52 英 [ ]
53 目 [ ] 54 市 [ ]
55 朝 [ ] 56 讀 [ ]

03 다음 밑줄 친 漢字語를 漢字로 쓰세요. 57~76번

57 경기장은 **수천** 명의 관중들로 붐볐다.
.... [ ]

58 홍수 조절을 위해 댐의 **수문**을 열었다.
.... [ ]

59 **십중**팔구는 틀림없는 일이다.
.... [ ]

60 문을 잠갔으나 그래도 **안심**되지 않았다.
.... [ ]

61 옛날의 탈것에는 **인력거**가 있었다.
.... [ ]

62 이 술책은 **천하**에서 으뜸가는 술책이다.
.... [ ]

63 모든 일은 **오전**에 이미 다 마쳤다.
.... [ ]

64 인부들은 망치를 들고 **공사**를 시작하였다.
.... [ ]

65 아버지는 **선조**들의 일대기를 들려주셨다.
.... [ ]

66 준비에 **만전**을 기할 것을 당부하였다.
.... [ ]

67 삼촌은 **모교**의 선생님이 되었다.
.... [ ]

68 그는 **이중**적인 성격을 보였다.
.... [ ]

69 올봄에 새 아파트로 **입주**하였다.
.... [ ]

70 동생은 자기 것이 작다고 **불평**하였다. .... [ ]

71 주말이면 **농장**에서 동물들을 돌본다. .... [ ]

72 정자나무 아래에서 **동리** 어른들이 쉬고 있습니다. .... [ ]

73 자전거를 타기위해 안전**교육**을 받았다. .... [ ]

74 설악산은 관광 **명소**로 알려져 있다. .... [ ]

75 남북을 **동서**로 가로지르는 도로가 개통되었다. .... [ ]

76 우리 상품들이 **해외**로 꾸준히 수출되고 있다. .... [ ]

04 다음 漢字의 반대 또는 상대되는 漢字를 골라 그 번호를 쓰세요. 77~78번

77 老 [ ] : ①小 ②少 ③年 ④生

78 問 [ ] : ①聞 ②信 ③新 ④答

05 다음 사자성어의 [ ]에 들어갈 漢字를 |보기| 에서 골라 그 번호를 쓰세요. 79~80번

|보기|

①始 ②手 ③發 ④死 ⑤公 ⑥軍

79 自 [ ] 成家 80 [ ] 明正大

06 다음 漢字와 뜻이 비슷한 漢字를 골라 그 번호를 쓰세요. 81~82번

81 計 [ ] : ①算 ②書 ③紙 ④三

82 土 [ ] : ①木 ②女 ③地 ④金

07 다음 漢字와 소리는 같으나 뜻이 다른 漢字를 골라 그 번호를 쓰세요. 83~85번

83 記 [ ] : ①日 ②近 ③級 ④旗

84 待 [ ] : ①太 ②對 ③高 ④古

85 等 [ ] : ①同 ②物 ③登 ④世

08 다음 漢字語의 뜻을 풀이하세요. 86~87번

|보기|

國語 : [나라의 말]

86 不足 : [ ]

87 食前 : [ ]

09 다음 漢字의 색이 다른 획은 몇 번째 쓰는지 |보기|에서 찾아 그 번호를 쓰세요. 88~90번

|보기|

①첫 번째 ②두 번째 ③세 번째
④네 번째 ⑤다섯 번째 ⑥여섯 번째

88 民 .... [ ]

89 代 .... [ ]

90 在 .... [ ]

02회 한자능력검정시험 6급 예상문제

(사) 한국어문회 주관	
합격문항	63문항
시험시간	50분
정 답	130쪽

01 다음 밑줄 친 漢字語의 讀音을 쓰세요.

01~32번

| 보기 |

漢字 → [한자]

01 형은 今番에도 1등을 했다. .... [ ]

02 친구들과 봉사활동 計畫을 세웠다. .... [ ]

03 도무지 그 理由를 알 수 없었다. .... [ ]

04 붉은 太陽이 떠올랐다. .... [ ]

05 감정을 솔직하게 表現했다. .... [ ]

06 "부상이 그만해서 천만多幸이다." .... [ ]

07 학생들에게 讀書를 권했다. .... [ ]

08 "정기총회를 開會하겠습니다." .... [ ]

09 새들이 六月의 녹음 속에서 노래하고 있다. .... [ ]

10 할아버지는 어부 생활을 하며 江村에서 사신다. .... [ ]

11 친구들과 공원에서 野球를 하였다. .... [ ]

12 조건에 만족하므로 等式이 성립된다. .... [ ]

13 들녘의 農樂 소리가 흥겨웠다. .... [ ]

14 원기둥을 여러 角度로 잘랐다. .... [ ]

15 돈을 빌려주고 利子를 받았다. .... [ ]

16 열차는 高速으로 달렸다. .... [ ]

17 사람들은 그를 名醫라고 하였다. .... [ ]

18 물 묻은 손으로 전기 기구를 만지면 感電의 위험이 있다. .... [ ]

19 지난날을 되돌아보며 反省했다. .... [ ]

20 산은 5월의 新綠이 울창했다. .... [ ]

21 비 때문에 集合 장소가 변경되었다. .... [ ]

22 할머니께서 그만 病席에 눕고 말았다. .... [ ]

23 그는 문벌 좋은 家門에서 태어났다. .... [ ]

24 동생은 美術에 재능이 있다. .... [ ]

25 원고지에 시의 題目을 썼다. .... [ ]

26 광개토대왕의 年號는 '영락'이다. ………… [ ]

27 현충일에 半旗를 달았다. ………… [ ]

28 시민들은 戰勝을 축하하였다. ………… [ ]

29 정부는 失業 대책을 마련하였다. ………… [ ]

30 산꼭대기에는 強風이 불었다. ………… [ ]

31 소식을 듣고 현장으로 急行하였다. ………… [ ]

32 야생動物의 생활을 관찰하였다. ………… [ ]

02 다음 漢字의 訓과 音을 쓰세요. 33~55번

| 보기 |

漢 → [한수 한]

33 溫 [ ] 34 運 [ ]
35 科 [ ] 36 線 [ ]
37 休 [ ] 38 雪 [ ]
39 發 [ ] 40 活 [ ]
41 銀 [ ] 42 待 [ ]
43 林 [ ] 44 窓 [ ]
45 藥 [ ] 46 死 [ ]
47 放 [ ] 48 室 [ ]
49 身 [ ] 50 部 [ ]
51 教 [ ] 52 歌 [ ]
53 姓 [ ] 54 植 [ ]
55 重 [ ]

03 다음 낱말을 漢字로 쓰세요. 56~65번

| 보기 |

한자 → [漢字]

56 초색(풀색) ………… [ ]

57 입장(처지) ………… [ ]

58 남해(남쪽에 있는 바다) ………… [ ]

59 전화(전화기로 말을 주고받음) ………… [ ]

60 등산(산에 오름) …… [ ]

61 동시(같은 시간) …… [ ]

62 문안(안부를 물음) ‥ [ ]

63 주소(생활의 근거지) ………… [ ]

64 후세(뒷세상) ………… [ ]

65 조상(자기 세대 이전의 선조) ………… [ ]

04 다음 밑줄 친 漢字語를 漢字로 쓰세요. 66~76번

66 전쟁 때문에 아름다운 **국토**는 쑥밭이 되고 말았다. ………… [ ]

67 그는 **매사**를 너무 쉽게 생각한다. ………… [ ]

68 산촌은 넓은 **평지**에 자리 잡고 있었다. ………… [ ]

69 경시대회 기사가 학교신문 **지면**에 실렸다. ………… [ ]

70 부모님의 생신 선물은 무엇보다 **효도**가 가장 값지다. ………… [ ]

71 보름달이 뜨는 **추석**이 기다려진다. ………… [ ]

72 산에 오르니 **공기**가 신선하였다. ………… [ ]

73 경로석은 **노인**을 공경하는 자리이다. ………… [ ]

74 자기소개서를 **정자**로 또박또박 적었다. ………… [ ]

75 할머니는 할아버지 **생전**의 이야기를 들려 주셨다. ………… [ ]

76 동생과 함께 **간식**을 맛있게 먹었다. ………… [ ]

05 다음 漢字의 반대 또는 상대되는 漢字를 골라 그 번호를 쓰세요. 77~78번

77 內 [ ] : ① 入 ② 出 ③ 人 ④ 外

78 晝 [ ] : ① 日 ② 朝 ③ 夜 ④ 東

06 다음 사자성어의 [ ]에 들어갈 漢字를 |보기|에서 골라 그 번호를 쓰세요. 79~80번

|보기|

① 淸 ② 口 ③ 田 ④ 靑 ⑤ 公 ⑥ 白

79 [ ] 衣民族 80 一 [ ] 二言

07 다음 漢字와 뜻이 비슷한 漢字를 골라 그 번호를 쓰세요. 81~82번

81 郡 [ ] : ① 軍 ② 市 ③ 邑 ④ 寸

82 樹 [ ] : ① 金 ② 木 ③ 水 ④ 本

08 다음 漢字와 소리는 같으나 뜻이 다른 漢字를 골라 그 번호를 쓰세요. 83~85번

83 英 [ ] : ① 近 ② 永 ③ 花 ④ 然

84 庭 [ ] : ① 定 ② 園 ③ 光 ④ 果

85 夏 [ ] : ① 冬 ② 川 ③ 區 ④ 下

09 다음 漢字語의 뜻을 풀이하세요. 86~87번

|보기|

國語 : [나라의 말]

86 母校 : [ ]

87 手工 : [ ]

10 다음 漢字의 색이 다른 획은 몇 번째 쓰는지 |보기|에서 찾아 그 번호를 쓰세요. 88~90번

|보기|

① 첫 번째	② 두 번째	③ 세 번째
④ 네 번째	⑤ 다섯 번째	⑥ 여섯 번째
⑦ 일곱 번째	⑧ 여덟 번째	⑨ 아홉 번째

88 男 ………… [ ]

89 米 ………… [ ]

90 車 ………… [ ]

03회 한자능력검정시험 6급 예상문제

(사) 한국어문회 주관	
합격문항	63문항
시험시간	50분
정 답	132쪽

01 다음 밑줄 친 漢字語의 讀音을 쓰세요.

01~32번

| 보기 |

漢字 → [한자]

01 그 의견에 反意하는 사람들이 많다. ……………… [ ]

02 그는 時事 문제에 관심이 많다. ……………… [ ]

03 그녀에게 웃음으로 答禮하였다. ……………… [ ]

04 그가 범인이라는 것을 直感했다. ……………… [ ]

05 빈곤층의 증가가 심각한 社會 문제로 떠올랐다. ……………… [ ]

06 재물과 功名을 함께 얻었다. ……………… [ ]

07 그들에게 큰 不幸이 덮쳤다. ……………… [ ]

08 투수의 빠른 球速에 놀랐다. ……………… [ ]

09 두 팀은 실력이 對等하였다. ……………… [ ]

10 나무마다 雪花가 한창이다. ……………… [ ]

11 이웃끼리 서로 돕는 美風을 이어갔다. ……………… [ ]

12 큰 成果를 거두었다. ……………… [ ]

13 그 땅에서 數千 년을 살아왔다. ……………… [ ]

14 견훤은 후백제의 始祖이다. ……………… [ ]

15 은행에서 수표를 現金으로 바꾸었다. ……………… [ ]

16 적과 치열한 交戰을 벌였다. ……………… [ ]

17 그는 사람들의 注目을 끌었다. ……………… [ ]

18 피해가 많은 農民들을 위로하였다. ……………… [ ]

19 책임과 힘 있는 勇氣가 기대된다. ……………… [ ]

20 지민이는 방과 후에 英語강좌를 듣는다. ……………… [ ]

21 학생이 많아서 分班하였다. ……………… [ ]

22 국어시간에 시를 習作하였다. ……………… [ ]

23 산길 중간에 터널이 開通되었다. ……………… [ ]

24 조금씩 먹으며 體重을 조절하였다. ……………… [ ]

25 그는 安樂한 가정을 이루었다. ……………… [ ]

26 형은 체크무늬 <u>洋服</u>을 입었다.
…………………………… [ ]

27 장사를 하여 많은 <u>利文</u>을 남겼다.
…………………………… [ ]

28 효는 인륜의 <u>根本</u>이다.
…………………………… [ ]

29 임금의 <u>特命</u>으로 어사가 되었다.
…………………………… [ ]

30 세계문학<u>全集</u>을 읽었다.
…………………………… [ ]

31 다른 제품에 비해 <u>使用</u>이 간편하다.
…………………………… [ ]

32 장사꾼들은 <u>計算</u>에 밝다.
…………………………… [ ]

02 다음 漢字의 訓과 音을 쓰세요. 33~55번

| 보기 |

字 → [글자 자]

33 半 [ ]	34 番 [ ]
35 堂 [ ]	36 太 [ ]
37 發 [ ]	38 童 [ ]
39 急 [ ]	40 園 [ ]
41 黃 [ ]	42 溫 [ ]
43 運 [ ]	44 邑 [ ]
45 孫 [ ]	46 朴 [ ]
47 病 [ ]	48 古 [ ]
49 弱 [ ]	50 親 [ ]
51 先 [ ]	52 青 [ ]
53 休 [ ]	54 夏 [ ]
55 冬 [ ]	

03 다음 낱말을 漢字로 쓰세요. 56~65번

| 보기 |

한자 → [漢字]

56 주소(살고 있는 곳) ‥ [ ]

57 동리(마을) …………… [ ]

58 제남(남자 동생) …… [ ]

59 세상(사람이 살고 있는 사회)
…………………………… [ ]

60 정오(낮 열두 시) … [ ]

61 교육(가르쳐 기름) … [ ]

62 등교(학교에 감) …… [ ]

63 입춘(24절기의 하나) ‥ [ ]

64 교문(학교의 정문) … [ ]

65 외래(다른 나라에서 옴)
…………………………… [ ]

04 다음 밑줄 친 낱말을 漢字로 쓰세요. 66~76번

66 어린이를 위해 **<u>평생</u>**을 일하였다.
…………………………… [ ]

67 조금씩 자리를 좁혀 앉아 한 사람이 더 앉을 **<u>공간</u>**을 만들었다.
…………………………… [ ]

68 “훌륭한 **<u>학문</u>**을 이룬 위인들을 본받자!”
…………………………… [ ]

69 학기말 시험 성적을 **<u>산출</u>**하였다.
…………………………… [ ]

70 다은이는 **매일** 아침 운동을 한다. ································ [ ]

71 주말에 사촌 언니와 **형부**가 놀러왔다. ································ [ ]

72 할아버지는 **연로**하셔서 멀리 가실 수 없습니다. ··················· [ ]

73 동네 곳곳에 **동물**병원이 늘고 있다. ································ [ ]

74 금요일 **석식**은 비빔밥이었다. ································ [ ]

75 우리나라의 동쪽 바다를 '**동해**'라고 한다. ································ [ ]

76 군인들이 **군가**에 맞추어 행진을 한다. ································ [ ]

05 다음 漢字의 반대 또는 상대되는 漢字를 골라 그 번호를 쓰세요. 77~78번

77 天 [ ] : ① 地 ② 下 ③ 別 ④ 大

78 前 [ ] : ① 足 ② 月 ③ 式 ④ 後

06 다음 사자성어의 [ ]에 들어갈 漢字를 |보기|에서 골라 그 번호를 쓰세요. 79~80번

|보기|

① 才 ② 各 ③ 角 ④ 形 ⑤ 在 ⑥ 白

79 自由自 [ ] 80 各人 [ ] 色

07 다음 漢字와 뜻이 비슷한 漢字를 골라 그 번호를 쓰세요. 81~82번

81 道 [ ] : ① 土 ② 中 ③ 路 ④ 失

82 共 [ ] : ① 同 ② 手 ③ 有 ④ 章

08 다음 漢字와 소리는 같으나 뜻이 다른 漢字를 골라 그 번호를 쓰세요. 83~85번

83 席 [ ] : ① 度 ② 石 ③ 方 ④ 紙

84 理 [ ] : ① 市 ② 面 ③ 西 ④ 李

85 者 [ ] : ① 子 ② 新 ③ 綠 ④ 朝

09 다음 漢字語의 뜻을 풀이하세요. 86~87번

|보기|

國語 : [나라의 말]

86 一例 : [ ]

87 活力 : [ ]

10 다음 漢字의 색이 다른 획은 몇 번째 쓰는지 |보기|에서 찾아 그 번호를 쓰세요. 88~90번

|보기|

① 첫 번째 ② 두 번째 ③ 세 번째
④ 네 번째 ⑤ 다섯 번째 ⑥ 여섯 번째
⑦ 일곱 번째 ⑧ 여덟 번째 ⑨ 아홉 번째

88  ··········· [ ]

89  ··········· [ ]

90  ··········· [ ]

04회 한자능력검정시험 6급 예상문제

(사) 한국어문회 주관	
합격문항	63문항
시험시간	50분
정 답	133쪽

01 다음 밑줄 친 漢字語의 讀音을 쓰세요.

01~32번

| 보기 |

漢字 → [한자]

01 그는 자신의 주장을 合理화하였다. ………………………………… [ ]

02 몸에 무리한 運動은 삼가야 한다. ………………………………… [ ]

03 사위와 外孫이 외갓집을 찾았다. ………………………………… [ ]

04 “어찌 萬病에 잘 듣는 약이 있겠는가?” ………………………………… [ ]

05 교내 體育대회를 열었다. ………………………………… [ ]

06 빈민촌에서 사랑의 醫術을 펼쳤다. ………………………………… [ ]

07 모든 분야가 急速히 발달하였다. ………………………………… [ ]

08 “果然, 네 말이 맞을까?” ………………………………… [ ]

09 우리민족은 太古 때부터 이 땅에서 살았다. ………………………………… [ ]

10 금실 좋던 내외는 死別하고 말았다. ………………………………… [ ]

11 기계에 消音장치를 하였다. ………………………………… [ ]

12 다음 중 참인 命題를 고르시오. ………………………………… [ ]

13 아이들이 陽地에 모여 놀고 있다. ………………………………… [ ]

14 크리스마스 트리에 매달린 꼬마電球들이 깜박거렸다. …… [ ]

15 컴퓨터에는 많은 記號가 쓰인다. ………………………………… [ ]

16 학생들이 放學을 마치고 등교하였다. ………………………………… [ ]

17 아버지께서 친히 書信을 보내셨다. ………………………………… [ ]

18 지구의 重力 방향은 수직이다. ………………………………… [ ]

19 며칠 사이에 身手가 좋아졌다. ………………………………… [ ]

20 소나무가 짙은 樹林을 이루고 있다. ………………………………… [ ]

21 우리 집안은 대대로 先祖의 뜻을 받들었다. ………………………………… [ ]

22 이웃나라에서 禮物을 보내왔다. ………………………………… [ ]

23 할아버지께서는 한자능력검정시험 特級에 응시하셨다. ……… [ ]

24 그는 昨今의 현실을 걱정하였다. ………………………………… [ ]

25 우리나라는 共和정치를 하는 나라이다. ………………………………… [ ]

26 두 사람은 口頭로 약속하였다. ································ [ ]

27 오빠는 시험에 낙방하고 失意에 빠졌다. ································ [ ]

28 차량들이 줄지어 注油 순서를 기다리고 있다. ························ [ ]

29 개천 주변을 公園으로 만들었다. ································ [ ]

30 우리의 勝利가 확실하였다. ································ [ ]

31 하얀 圖畫지에 그림을 그렸다. ································ [ ]

32 戰後의 사회는 매우 혼란하였다. ································ [ ]

02 다음 漢字의 訓과 音을 쓰세요. 33~55번

| 보기 |

字 → [글자 자]

33 用 [ ] 34 使 [ ]
35 習 [ ] 36 美 [ ]
37 始 [ ] 38 表 [ ]
39 飮 [ ] 40 現 [ ]
41 神 [ ] 42 同 [ ]
43 米 [ ] 44 親 [ ]
45 由 [ ] 46 式 [ ]
47 銀 [ ] 48 綠 [ ]
49 雪 [ ] 50 章 [ ]
51 孝 [ ] 52 登 [ ]
53 男 [ ] 54 里 [ ]
55 世 [ ]

03 다음 낱말을 漢字로 쓰세요. 56~65번

| 보기 |

한자 → [漢字]

56 농사(씨나 모종을 심어 기르는 일) ································ [ ]

57 공간(아무것도 없는 빈 곳) ································ [ ]

58 전국(온 나라) ·········· [ ]

59 읍장(읍의 우두머리) ·· [ ]

60 방면(어떤 방향 또는 분야) ································ [ ]

61 소유(가지고 있음) ··· [ ]

62 실내(집 안) ············ [ ]

63 백기(흰 기) ············ [ ]

64 천문(천체와 기상의 현상) ································ [ ]

65 성명(성과 이름) ······ [ ]

04 다음 밑줄 친 낱말을 漢字로 쓰세요. 66~76번

66 외국 가수들이 팬들의 환영 속에 **내한**하였다. ························ [ ]

67 누나는 동생들 뒷바라지에 꽃다운 **청춘**을 바쳤다. ···················· [ ]

68 두 장수는 모두 **평민** 출신이었다. ································ [ ]

69 예절 바른 **생활**은 부모님에 대한 효도이다. ································ [ ]

70 이번 일의 어려운 **입장**을 자세히 밝혔다. ……………………………… [ ]

71 이순신은 **수군**통제사가 되었다. ……………………………… [ ]

72 날이 갈수록 한자 **공부**가 재미있다. ……………………………… [ ]

73 마당에는 **화초**가 만발하였다. ……………………………… [ ]

74 아람이는 참 **정직**하다. ……………………………… [ ]

75 노을이 **서편** 하늘을 붉게 물들였다. ……………………………… [ ]

76 학교에서는 **매월** 첫째 토요일을 환경의 날로 정했다. ………… [ ]

05 다음 漢字의 반대 또는 상대되는 漢字를 골라 그 번호를 쓰세요. 77~78번

77 朝 [ ] : ①石 ②晝 ③野 ④山

78 多 [ ] : ①小 ②少 ③夜 ④上

06 다음 사자성어의 [ ]에 들어갈 漢字를 |보기|에서 골라 그 번호를 쓰세요. 79~80번

|보기|

①問 ②電 ③歌 ④作 ⑤家 ⑥夏

79 [ ]心三日 80 自[ ]自答

07 다음 漢字와 뜻이 비슷한 漢字를 골라 그 번호를 쓰세요. 81~82번

81 永 [ ] : ①遠 ②川 ③冬 ④兄

82 社 [ ] : ①分 ②近 ③會 ④新

08 다음 漢字와 소리는 같으나 뜻이 다른 漢字를 골라 그 번호를 쓰세요. 83~85번

83 幸 [ ] : ①洞 ②行 ③大 ④年

84 定 [ ] : ①感 ②足 ③左 ④庭

85 界 [ ] : ①計 ②九 ③交 ④業

09 다음 漢字語의 뜻을 풀이하세요. 86~87번

|보기|

東海 : [동쪽에 있는 바다]

86 秋夕 : [ ]

87 下車 : [ ]

10 다음 漢字의 색이 다른 획은 몇 번째 쓰는지 |보기|에서 찾아 그 번호를 쓰세요. 88~90번

|보기|

①첫 번째 ②두 번째 ③세 번째
④네 번째 ⑤다섯 번째 ⑥여섯 번째
⑦일곱 번째 ⑧여덟 번째 ⑨아홉 번째

88 食 ………… [ ]

89 光 ………… [ ]

90 國 ………… [ ]

05회 한자능력검정시험 6급 예상문제

(사) 한국어문회 주관	
합격문항	63문항
시험시간	50분
정 답	135쪽

01 다음 밑줄 친 漢字語의 讀音을 쓰세요.

01~32번

| 보기 |

漢字 → [한자]

01 식물의 草根은 약으로 쓰이기도 합니다. ………… [ ]

02 꼬마들이 道服을 입고 입장합니다. ………… [ ]

03 이번 경기는 우리 팀에게 勝算이 있다. ………… [ ]

04 午後가 되면서 흐렸던 하늘이 맑아졌다. ………… [ ]

05 교향곡 제3樂章을 연주했다. ………… [ ]

06 학생들은 各自 자기 소개를 하였다. ………… [ ]

07 그는 萬古의 충신으로 기억될 것이다. ………… [ ]

08 明太 한 마리 놓고 딴전 본다. ………… [ ]

09 회장 代理로 회의에 참석하였다. ………… [ ]

10 하늘과 땅처럼 永遠하기를 바랐다. ………… [ ]

11 글짓기 시간에 習作을 발표하였다. ………… [ ]

12 관광 관련 業界가 성장하고 있다. ………… [ ]

13 민심의 動向을 살폈다. ………… [ ]

14 野生 약초는 함부로 먹으면 안 된다. ………… [ ]

15 오랜 植民 지배로부터 벗어나 독립하였다. ………… [ ]

16 전쟁으로 많은 문화재가 消失되었다. ………… [ ]

17 물끄러미 車窓 밖을 바라보았다. ………… [ ]

18 박물관으로 現場 학습을 갔다. ………… [ ]

19 무대 앞에 特席을 마련하였다. ………… [ ]

20 그들은 新式 무기로 무장한 적군과 맞섰다. ………… [ ]

21 다급한 목소리로 사격 開始를 명령했다. ………… [ ]

22 창백한 얼굴은 病弱한 인상을 준다. ………… [ ]

23 그는 來世에서 행복을 얻기 위해 기도하였다. ………… [ ]

24 수업에 앞서 朝會를 시작하였다. ………… [ ]

25 "그 정도로 끝난 것이 藥果인 줄 알어!" ………… [ ]

26 왜구들은 風雪을 견디지 못하고 후퇴하였다. ………………… [ ]

27 그는 자신의 不正 행위를 반성했다. ………………… [ ]

28 다행히 近者에 전통 풍습이 되살아나고 있다. ………………… [ ]

29 일은 '洋銀 쟁개비 끓듯' 끝나버렸다. ………………… [ ]

30 두 손은 앞으로 모은 채 直立 자세를 하였다. ………………… [ ]

31 빌딩 옥상에 庭園을 만들었다. ………………… [ ]

32 따뜻한 體溫이 느껴졌다. ………………… [ ]

02 다음 漢字의 訓과 音을 쓰세요. 33~54번

| 보기 |

字 → [글자 자]

33 反 [ ]	34 郡 [ ]
35 運 [ ]	36 和 [ ]
37 頭 [ ]	38 才 [ ]
39 勇 [ ]	40 表 [ ]
41 神 [ ]	42 公 [ ]
43 便 [ ]	44 例 [ ]
45 工 [ ]	46 言 [ ]
47 通 [ ]	48 發 [ ]
49 重 [ ]	50 角 [ ]
51 光 [ ]	52 英 [ ]
53 行 [ ]	54 號 [ ]

03 다음 낱말을 漢字로 쓰세요. 55~63번

| 보기 |

한자 → [漢字]

55 동장(동사무소의 총책임자) ………………… [ ]

56 소유(자기 것으로 가짐) ………………… [ ]

57 기력(자기 몸으로 활동할 수 있는 힘) ………………… [ ]

58 서방(서쪽 방향) …… [ ]

59 조부(할아버지) ……… [ ]

60 출입(나가고 들어옴) ·· [ ]

61 천추(오래고 긴 세월) ………………… [ ]

62 내년(다가오는 해) … [ ]

63 주인(한 집안의 어른) ………………… [ ]

04 다음 밑줄 친 낱말을 漢字로 쓰세요. 64~76번

64 동해물과 백두산이 마르고 닳도록 하느님이 보우하사 우리나라 만세. ………………… [ ]

65 남산 위에 저 소나무 철갑을 두른 듯 바람소리 불변함은 우리 기상일세. ………………… [ ]

66 무궁화 삼천리 화려강산. ………………… [ ]

67 대한사람 대한으로 길이 보전하세. ………………… [ ]

68 우리들은 아침마다 교실을 깨끗이 치웁니다. ………………… [ ]

69 다은이는 **휴지**를 주워서 쓰레기통에 넣었습니다. ……………… [ ]

70 **오색**이 찬란한 불빛이 호수를 수놓았다.
……………………………… [ ]

71 누나는 매일 스쿨버스로 **등교**한다.
……………………………… [ ]

72 성 위에 **백기**가 걸려 있었다.
……………………………… [ ]

73 **시중**에 나쁜 소문이 떠돌았다.
……………………………… [ ]

74 서울 **상공**에 미확인 비행 물체가 출현하였다. ……………… [ ]

75 시골에 사는 남자를 **촌부**라고 한다.
……………………………… [ ]

76 그들은 단 둘의 **모자**가 유일한 혈육이었다.
……………………………… [ ]

05 다음 漢字의 반대 또는 상대되는 漢字를 골라 그 번호를 쓰세요. 77~78번

77 長 [ ] : ①短 ②小 ③多 ④男

78 手 [ ] : ①天 ②定 ③數 ④足

06 다음 사자성어의 [ ]에 들어갈 漢字를 |보기| 에서 골라 그 번호를 쓰세요. 79~80번

|보기|

①路 ②電 ③昨 ④夕 ⑤樂 ⑥水

79 老少同 [ ] 80 [ ] 光石火

07 다음 漢字와 뜻이 비슷한 漢字를 골라 그 번호를 쓰세요. 81~82번

81 分 [ ] : ①山 ②間 ③別 ④八

82 靑 [ ] : ①花 ②綠 ③孫 ④右

08 다음 漢字와 소리는 같으나 뜻이 다른 漢字를 골라 그 번호를 쓰세요. 83~85번

83 洞 [ ] : ①邑 ②童 ③里 ④林

84 全 [ ] : ①戰 ②金 ③川 ④今

85 成 [ ] : ①有 ②功 ③省 ④名

09 다음 漢字語의 뜻을 풀이하세요. 86~87번

|보기|

國語 : [나라의 말]

86 問安 : [ ]

87 四物(악기) : [ ]

10 다음 漢字의 색이 다른 획은 몇 번째 쓰는지 |보기|에서 찾아 그 번호를 쓰세요. 88~90번

|보기|

①첫 번째 ②두 번째 ③세 번째
④네 번째 ⑤다섯 번째 ⑥여섯 번째
⑦일곱 번째 ⑧여덟 번째 ⑨아홉 번째

88 火 ………… [ ]

89 夜 ………… [ ]

90 放 ………… [ ]

06회 한자능력검정시험 6급 예상문제

(사) 한국어문회 주관	
합격문항	63문항
시험시간	50분
정 답	136쪽

정 답 136쪽

01 다음 밑줄 친 漢字語의 讀音을 쓰세요.

01~32번

| 보기 |

漢字 → [한자]

01 농어촌 후계자를 育成하였다. ································ [ ]

02 잘 익은 보리들이 海風에 물결쳤다. ································ [ ]

03 경쾌한 음악 소리가 수업 始作을 알렸다. ································ [ ]

04 마을의 老弱 환자들을 방문 치료하였다. ································ [ ]

05 가족들이 모인 자리에서 禮式을 올렸다. ································ [ ]

06 '小便'을 토박이말로 '소마'라고 한다. ································ [ ]

07 지각한 데에는 그만한 事由가 있었다. ································ [ ]

08 언어가 不等한 세계인이 축제에 참가하였다. ······················ [ ]

09 집안에서는 立冬 무렵에 김장을 한다. ································ [ ]

10 두 반이 合班하여 체육 수업을 하였다. ································ [ ]

11 할아버지께서는 庭草를 말끔히 뽑으셨다. ································ [ ]

12 지하철 路線이 거미줄처럼 이어져있다. ································ [ ]

13 의병의 勇戰으로 외적의 침입을 막아냈다. ································ [ ]

14 수천 명의 信者들이 광장을 가득 메웠다. ································ [ ]

15 전시장을 찾아 美術 작품을 감상하였다. ································ [ ]

16 각계의 노력으로 失業 문제를 해결해 가고 있다. ························ [ ]

17 형은 평소 愛讀하던 책을 권하였다. ································ [ ]

18 경석이는 여자아이들이 많은 白軍을 응원하였다. ···················· [ ]

19 수업을 마치고 足球 경기를 하였다. ································ [ ]

20 그의 질문은 急所를 찌르는 것 같았다. ································ [ ]

21 오손도손 祖孫이 한지붕 아래 살고 있다. ································ [ ]

22 빨리 上京하라는 연락을 받고 서둘렀다. ································ [ ]

23 주택가에 멧돼지가 出現하여 소동이 벌어졌다. ························ [ ]

24 기업들은 기술 開發에 투자를 아끼지 않았다. ···················· [ ]

25 問病을 자제하고 마스크를 착용해야 한다. ································ [ ]

26 역 주변에서는 닷새마다 在來시장이 열린다. ························ [　　　　]

27 지난날 저지른 잘못을 淸算할 필요가 있다. ························ [　　　　]

28 대통령이 親書를 보냈다. ································ [　　　　]

29 민수는 자신의 잘못에 대해 깊이 反省했다. ································ [　　　　]

30 공직에서는 公利를 먼저 생각해야 한다. ································ [　　　　]

31 현대사회는 科學기술 문명에 기초하고 있다. ························ [　　　　]

32 지푸라기로 놋쇠 그릇을 닦으니 光藥으로 닦은 것처럼 반짝였다. ································ [　　　　]

02 다음 漢字의 訓과 音을 쓰세요. 33~54번

| 보기 |

字 → [글자 자]

33 各 [　　　　] 34 李 [　　　　]
35 會 [　　　　] 36 速 [　　　　]
37 頭 [　　　　] 38 黃 [　　　　]
39 陽 [　　　　] 40 名 [　　　　]
41 短 [　　　　] 42 郡 [　　　　]
43 幸 [　　　　] 44 文 [　　　　]
45 石 [　　　　] 46 番 [　　　　]
47 半 [　　　　] 48 全 [　　　　]
49 內 [　　　　] 50 有 [　　　　]
51 感 [　　　　] 52 油 [　　　　]
53 記 [　　　　] 54 圖 [　　　　]

03 다음 낱말을 漢字로 쓰세요. 55~60번

| 보기 |

한자 → [漢字]

55 평면(평평한 표면) ···· [　　　　]

56 천명(타고난 운명) ···· [　　　　]

57 수력(물의 힘) ·········· [　　　　]

58 자활(자기 힘으로 살아감) ································ [　　　　]

59 주식(끼니에 주로 먹는 음식) ································ [　　　　]

60 만국기(세계 여러 국가의 국기) ································ [　　　　]

04 다음 밑줄 친 낱말을 漢字로 쓰세요. 61~76번

61 정전으로 자동문을 수동으로 열 수밖에 없었다. ················· [　　　　]

62 교포 이세들이 모국을 방문하였다. ································ [　　　　]

63 우리 시를 대표하는 시장을 선출했다. ································ [　　　　]

64 올림픽 역도 경기에서 우리 선수들이 우승했다. ················· [　　　　]

65 이번 공일에 가족 모두 등산을 가기로 했다. ································ [　　　　]

66 식순에 따라 교가를 불렀다. ································ [　　　　]

67 정답을 답지에 또박또박 써야 한다. ································ [　　　　]

68 오랜만에 초등학교 동문을 만났다. ································ [　　　　]

69 군인들이 꼿꼿이 **직립**한 모습이 늠름해 보였다. ………………… [ ]

70 순간의 실수로 **중대**한 잘못을 저지르고 말았다. ………………… [ ]

71 그녀의 얼굴에는 항상 **생기**가 돈다. ………………………… [ ]

72 언니는 **형부**와 무척 행복해 보였다. ………………………… [ ]

73 그는 **지방**의 작은 도시에서 태어났다. ………………………… [ ]

74 수영장에 안전요원이 있어서 **안심**하였다. ………………………… [ ]

75 공공장소에서 큰소리로 **전화**하는 것은 예절에 어긋난다. … [ ]

76 나는 **자정**이 넘어서야 잠자리에 들었다. ………………………… [ ]

05 다음 漢字의 반대 또는 상대되는 漢字를 골라 그 번호를 쓰세요. 77~78번

77 夏 [ ] : ① 冬 ② 苦 ③ 時 ④ 向

78 先 [ ] : ① 前 ② 身 ③ 後 ④ 野

06 다음 사자성어의 [ ]에 들어갈 漢字를 |보기|에서 골라 그 번호를 쓰세요. 79~80번

|보기|

① 七 ② 三 ③ 九 ④ 五 ⑤ 六 ⑥ 八

79 三十[ ]計 80 七月[ ]夕

07 다음 漢字와 뜻이 비슷한 漢字를 골라 그 번호를 쓰세요. 81~82번

81 根 [ ] : ① 木 ② 土 ③ 本 ④ 近

82 英 [ ] : ① 永 ② 特 ③ 花 ④ 語

08 다음 漢字와 소리는 같으나 뜻이 다른 漢字를 골라 그 번호를 쓰세요. 83~85번

83 社 [ ] : ① 注 ② 晝 ③ 千 ④ 使

84 意 [ ] : ① 醫 ② 東 ③ 火 ④ 村

85 題 [ ] : ① 目 ② 第 ③ 體 ④ 王

09 다음 漢字語의 뜻을 풀이하세요. 86~87번

|보기|

國語 : [나라의 말]

86 新米 : [ ]

87 太古 : [ ]

10 다음 漢字의 색이 다른 획은 몇 번째 쓰는지 |보기|에서 찾아 그 번호를 쓰세요. 88~90번

|보기|

① 첫 번째 ② 두 번째 ③ 세 번째
④ 네 번째 ⑤ 다섯 번째 ⑥ 여섯 번째
⑦ 일곱 번째 ⑧ 여덟 번째 ⑨ 아홉 번째

88 色 ……….. [ ]

89 西 ……….. [ ]

90 堂 ……….. [ ]

07회 한자능력검정시험 6급 예상문제

(사) 한국어문회 주관	
합격문항	63문항
시험시간	50분
정 답	138쪽

01 다음 밑줄 친 漢字語의 讀音을 쓰세요. 01~32번

| 보기 |

姓名 → [성명]

01 남들과 다른 特別 대우를 바라지 않았다. ………… [ ]

02 남다른 愛族 정신을 강조하였다. ………… [ ]

03 지도 위에 現在 위치를 표시했다. ………… [ ]

04 할머니는 孫女를 품에 안으며 반겨주셨다. ………… [ ]

05 그 작가는 독자가 쉽게 共感할 수 있는 내용을 다루었다. … [ ]

06 추위는 立春 무렵부터 누그러졌다. ………… [ ]

07 아람이는 일찍부터 才氣를 드러냈다. ………… [ ]

08 다은이는 타고난 자질이 英特하였다. ………… [ ]

09 짙은 안개는 교통에 不便을 끼쳤다. ………… [ ]

10 벽은 書畫 작품들로 가득했다. ………… [ ]

11 귀족 집안에서는 연일 社交 모임을 열었다. ………… [ ]

12 新聞에 그 사고에 관한 기사가 실렸다. ………… [ ]

13 자유로운 形式으로 글을 썼다. ………… [ ]

14 선생님께서는 전통에 대한 教育을 강조하셨다. ………… [ ]

15 우리 팀은 다 잡았던 勝運을 놓치고 말았다. ………… [ ]

16 선조들은 雪光을 이용해 책을 읽었다. ………… [ ]

17 0보다 큰 수를 陽數라고 합니다. ………… [ ]

18 이번 일이 成功하기를 빌었다. ………… [ ]

19 집 앞에는 꽃을 심고 뒤에는 果樹를 심었다. ………… [ ]

20 그는 內省적이고 소심했다. ………… [ ]

21 그것은 近古에 없는 일이다. ………… [ ]

22 현진이는 예능 방면에 남다른 頭角을 나타냈다. ………… [ ]

23 회장 선거에 출마하지 않겠다고 公表했다. ………… [ ]

24 그는 엄한 家庭에서 자랐다. ………… [ ]

25 불우 이웃 돕기에 各界의 온정이 쏟아졌다. ………… [ ]

26 가게에는 高級 제품들이 즐비했다. ································ [ ]

27 여러 악기들이 아름다운 和音을 이루었다. ································ [ ]

28 개화기에 들어서면서 洋藥이 들어왔다. ································ [ ]

29 세 살 때 글을 읽으면서 神童으로 불렸다. ································ [ ]

30 그의 집안은 대대로 醫術을 업으로 삼았다. ································ [ ]

31 행동할 때에는 禮度에 벗어나지 않으려고 하였다. ············· [ ]

32 한국사에서 시대 區分은 예로부터 큰 관심을 끌어왔다. ······· [ ]

02 다음 漢字의 訓과 音을 쓰세요. 33~52번

| 보기 |

字 → [글자 자]

33 遠 [ ] 34 待 [ ]
35 集 [ ] 36 短 [ ]
37 場 [ ] 38 席 [ ]
39 邑 [ ] 40 定 [ ]
41 消 [ ] 42 答 [ ]
43 意 [ ] 44 弟 [ ]
45 親 [ ] 46 班 [ ]
47 信 [ ] 48 母 [ ]
49 理 [ ] 50 目 [ ]
51 全 [ ] 52 朝 [ ]

03 다음 낱말과 뜻이 같은 漢字語를 |보기|에서 골라 그 번호를 쓰세요. 53~58번

| 보기 |

① 三日 ② 色紙 ③ 每日
④ 六日 ⑤ 長男 ⑥ 今年

53 날마다 [ ] 54 엿새 [ ]
55 맏아들 [ ] 56 올해 [ ]
57 색종이 [ ] 58 사흘 [ ]

04 다음 낱말을 漢字로 쓰세요. 59~65번

59 부동(움직이지 않음) ·· [ ]

60 휴교(수업과 업무를 한동안 쉼) ································ [ ]

61 안주(한 곳에서 편안하게 삶) ································ [ ]

62 왕자(임금의 아들) ···· [ ]

63 월출(달이 떠오름) ···· [ ]

64 내세(미래의 세상) ···· [ ]

65 자중(말이나 행동을 신중히 함) ································ [ ]

05 다음 밑줄 친 낱말을 漢字로 쓰세요. 66~76번

66 소년 가장에 대한 **기사**가 신문에 실렸다. ································ [ ]

67 바닷가에서 **해물** 요리를 먹었다. ································ [ ]

68 그는 **소시**에도 총명하다는 말을 많이 들었다. ······················ [ ]

69 화살이 과녁에 **명중**되었다. ································ [ ]

70 시내 한 가운데로 **전차**가 지나간다. …………………………… [ ]

71 책의 **공백**에 중요한 내용을 기록했다. …………………………… [ ]

72 예복은 옷감의 값보다 **수공**이 더 비싸다. …………………………… [ ]

73 글라이더는 한참을 **수평**으로 날았다. …………………………… [ ]

74 "**만금**을 준다해도 부정한 일은 하지 맙시다!" …………………… [ ]

75 날마다 국기를 게양하고 **하기**하는 일을 맡았다. ……………… [ ]

76 모두들 그 일을 해결할 **방도**를 생각했다. …………………………… [ ]

06 다음 漢字의 반대 또는 상대되는 漢字를 골라 그 번호를 쓰세요. 77~78번

77 死 [ ] : ①外 ②活 ③夕 ④食

78 南 [ ] : ①北 ②東 ③夏 ④四

07 다음 사자성어의 [ ]에 들어갈 漢字를 |보기| 에서 골라 그 번호를 쓰세요. 79~80번

|보기|

①路 ②漢 ③明 ④韓 ⑤開 ⑥秋

79 大 [ ] 民國 80 大 [ ] 天地

08 다음 漢字와 뜻이 비슷한 漢字를 골라 그 번호를 쓰세요. 81~82번

81 衣 [ ] : ①上 ②服 ③草 ④圖

82 身 [ ] : ①心 ②用 ③口 ④體

09 다음 漢字와 소리는 같으나 뜻이 다른 漢字를 골라 그 번호를 쓰세요. 83~85번

83 話 [ ] : ①花 ②語 ③知 ④生

84 代 [ ] : ①業 ②太 ③計 ④對

85 線 [ ] : ①綠 ②先 ③面 ④川

10 다음 漢字語의 뜻을 풀이하세요. 86~87번

|보기|

國語 : [나라의 말]

86 兄夫 : [ ]

87 失言 : [ ]

11 다음 漢字의 색이 다른 획은 몇 번째 쓰는지 |보기|에서 찾아 그 번호를 쓰세요. 88~90번

|보기|

① 두 번째	② 세 번째	③ 네 번째
④ 다섯 번째	⑤ 여섯 번째	⑥ 일곱 번째
⑦ 여덟 번째	⑧ 아홉 번째	⑨ 열 번째

88 每 ………… [ ]

89 郡 ………… [ ]

90 門 ………… [ ]

08회	한자능력검정시험 6급 예상문제	(사) 한국어문회 주관	
		합격문항	63문항
		시험시간	50분
		정 답	139쪽

01 다음 밑줄 친 漢字語의 讀音을 쓰세요.

01~32번

| 보기 |

讀音 → [독음]

01 그는 事理를 따져 잘잘못을 가리려고 하였다. ………………… [ ]

02 음악 시간에 개인 教習을 받았다. ………………… [ ]

03 남북 교류는 가는 곳마다 話題가 되었다. ………………… [ ]

04 햇빛이 잘 드는 곳에 果樹를 심기로 했다. ………………… [ ]

05 투수는 速球로 타자들을 상대했다. ………………… [ ]

06 처마 끝에는 네 개의 四角 기둥을 세웠다. ………………… [ ]

07 대학생들이 방학 동안에 農活을 펼쳤다. ………………… [ ]

08 그는 同級 반 아이들보다 나이가 많다. ………………… [ ]

09 추신수 선수가 通算 100호 홈런을 쳤다. ………………… [ ]

10 그의 이론에 反旗를 드는 사람이 있었다. ………………… [ ]

11 두 개의 점을 直線으로 이었다. ………………… [ ]

12 그에게서 따뜻한 體溫이 느껴졌다. ………………… [ ]

13 그녀는 자신의 六感을 믿었다. ………………… [ ]

14 길에 쓰러져 있는 病者를 병원으로 옮겼다. ………………… [ ]

15 광장에서 風樂과 놀이판이 벌어졌다. ………………… [ ]

16 강가를 따라 部族이 형성되어 있다. ………………… [ ]

17 그 건물에는 규모가 작은 會社들이 모여 있다. ………………… [ ]

18 우리는 택시를 타고 市內로 갔다. ………………… [ ]

19 흔히 十月을 '문화의 달'이라고 한다. ………………… [ ]

20 아버지께서는 수석과 분재로 庭園을 꾸몄다. ………………… [ ]

21 자유와 平等은 모두가 누려야 할 권리이다. ………………… [ ]

22 그에게서 아무런 答信이 없었다. ………………… [ ]

23 유치원생들의 童畫가 천진난만하다. ………………… [ ]

24 그는 불우했던 青春 시절을 회상했다. ………………… [ ]

25 섬에 사립 育英 학교를 세웠다. ………………… [ ]

26 색의 밝고 어두운 정도를 '明度'라고 한다. ………………………… [ ]

27 서로 주장이 맞서 親和가 어려웠다. ………………………… [ ]

28 입장 순서대로 空席을 찾아 앉았다. ………………………… [ ]

29 고구려의 太學은 우리나라 최초의 교육 기관이다. …………… [ ]

30 화산이 폭발하면서 뿜어져 나온 연기 속에서 불꽃 放電이 일어났다. ………………………… [ ]

31 넓은 新作路가 마을을 가로질러 뻗어 있다. ………………… [ ]

32 회의를 하기 위해서는 定足數가 출석해야 한다. ……………… [ ]

02 다음 漢字의 訓과 音을 쓰세요. 33~56번

| 보기 |

字 → [글자 자]

33 古 [ ] 34 每 [ ]
35 集 [ ] 36 永 [ ]
37 川 [ ] 38 登 [ ]
39 植 [ ] 40 愛 [ ]
41 失 [ ] 42 聞 [ ]
43 公 [ ] 44 堂 [ ]
45 在 [ ] 46 運 [ ]
47 號 [ ] 48 業 [ ]
49 現 [ ] 50 第 [ ]
51 注 [ ] 52 然 [ ]
53 少 [ ] 54 昨 [ ]
55 銀 [ ] 56 才 [ ]

03 다음 낱말을 漢字로 쓰세요. 57~62번

| 보기 |

한자 → [漢字]

57 기명(이름을 적음) ‥ [ ]

58 자제(남을 높여 그의 아들을 이르는 말) ………………………… [ ]

59 효도(부모를 잘 섬기는 도리) ………………………… [ ]

60 지면(종이의 겉면) … [ ]

61 입장(처지) …………… [ ]

62 추석(음력 팔월 보름날) ………………………… [ ]

04 다음 밑줄 친 漢字語를 漢字로 쓰세요. 63~76번

63 매미는 짧은 일생 동안 모든 힘을 다해 노래를 부릅니다. … [ ]

64 "이 물건은 소중히 다루어야 합니다." ………………………… [ ]

65 이메일을 열어보기 위해서는 비밀번호를 입력해야 합니다. … [ ]

66 공사장에서는 인부들이 구슬땀을 흘리며 일을 합니다. ………… [ ]

67 회의를 하기 위해 장소와 일시를 알렸습니다. ………………… [ ]

68 외국의 유명한 관현악단이 내한 공연을 합니다. ……………… [ ]

69 옛날에는 목수들이 모여 배를 만들었습니다. ………………… [ ]

70 우리나라를 '**동방**의 아침의 나라'라고 합니다. .... [ ]

71 관리는 **백성**의 귀감이 되어야 합니다. .... [ ]

72 나는 아침에 일어나 **식전**에 가벼운 운동을 합니다. .... [ ]

73 **백금**은 가격이 매우 비싸다. .... [ ]

74 어머니는 **동구** 밖에서 나를 기다리셨다. .... [ ]

75 나는 이 **세상**을 다 여행할 것이다. .... [ ]

76 우리나라의 **국화**는 무궁화입니다. .... [ ]

05 다음 漢字의 반대 또는 상대되는 漢字를 골라 그 번호를 쓰세요. 77~78번

77 強 [ ] : ① 小 ② 多 ③ 弱 ④ 有

78 山 [ ] : ① 番 ② 幸 ③ 窓 ④ 海

06 다음 사자성어의 [ ]에 들어갈 漢字를 |보기|에서 골라 그 번호를 쓰세요. 79~80번

|보기|
① 訓 ② 主 ③ 神 ④ 長 ⑤ 身 ⑥ 共

79 [ ] 民正音 80 [ ] 土不二

07 다음 漢字와 뜻이 비슷한 漢字를 골라 그 번호를 쓰세요. 81~82번

81 文 [ ] : ① 科 ② 門 ③ 圖 ④ 章

82 村 [ ] : ① 寸 ② 里 ③ 後 ④ 色

08 다음 漢字와 소리는 같으나 뜻이 다른 漢字를 골라 그 번호를 쓰세요. 83~85번

83 省 [ ] : ① 根 ② 成 ③ 自 ④ 由

84 勇 [ ] : ① 南 ② 用 ③ 始 ④ 功

85 半 [ ] : ① 反 ② 中 ③ 急 ④ 今

09 다음 漢字語의 뜻을 풀이하세요. 86~87번

|보기|
休日 : [쉬는 날]

86 內外 : [ ]

87 母國 : [ ]

10 다음 漢字의 색이 다른 획은 몇 번째 쓰는지 |보기|에서 찾아 그 번호를 쓰세요. 88~90번

|보기|

① 첫 번째	② 두 번째	③ 세 번째
④ 네 번째	⑤ 다섯 번째	⑥ 여섯 번째
⑦ 일곱 번째	⑧ 여덟 번째	⑨ 아홉 번째
⑩ 열 번째	⑪ 열한 번째	⑫ 열두 번째

88 女 .... [ ]

89 萬 .... [ ]

90 北 .... [ ]

09회 한자능력검정시험 6급 예상문제

(사) 한국어문회 주관	
합격문항	63문항
시험시간	50분
정 답	141쪽

01 다음 밑줄 친 漢字語의 讀音을 쓰세요. 01~32번

| 보기 |

漢字 → [한자]

01 북어는 마른 明太를 달리 부르는 말이다. ············ [ ]

02 천체 관측에 새로운 地平을 열었다. ············ [ ]

03 그는 藥草를 캐러 산에 갔다가 산삼을 발견했다. ············ [ ]

04 귀족들은 高利로 돈을 빌려주고 사치스러운 생활을 했다. ·· [ ]

05 기초科學의 발전에 힘써야 합니다. ············ [ ]

06 맡은 바 使命을 다하겠다고 다짐했다. ············ [ ]

07 선수들은 強度 높은 훈련을 이겨냈다. ············ [ ]

08 그의 효성에 感服하여 하늘도 도왔다. ············ [ ]

09 인간 의식의 순수한 세계를 外現하였다. ············ [ ]

10 태풍 피해가 커지자 당국은 休校 조치를 취했다. ············ [ ]

11 이 작품은 해방 직후의 감격적인 場面과 슬픔을 그렸다. ······· [ ]

12 요즘 여성들은 家事에만 매달리지 않는다. ············ [ ]

13 유리창으로 下午의 햇살이 스며들었다. ············ [ ]

14 뜻을 풀이하고 用例를 들어 밝혔다. ············ [ ]

15 학생회에서 特活에 대하여 의견을 나누었다. ············ [ ]

16 가루를 물에 넣었더니 黃色으로 변했다. ············ [ ]

17 자기의 체험과 감정을 表白했다. ············ [ ]

18 노역에 나가지 않는 代身에 세금을 부담했다. ············ [ ]

19 그곳의 기후는 일교차가 비교적 작아서 溫和하다. ············ [ ]

20 그는 重病 환자를 보고 자신의 의술이 부족하다는 것을 깨달았다. ············ [ ]

21 한낮의 열기 속에 野戰을 벌였다. ············ [ ]

22 해안선을 따라 방풍림을 植樹하였다. ············ [ ]

23 조용하던 半夜에 난데없이 총소리가 들렸다. ············ [ ]

24 일부 건물은 내부를 洋式으로 바꾸었다. ············ [ ]

25 태양은 等速 운동을 하지 않는다. ………………………… [ ]

26 그는 빠르게 成功하면서 명성을 얻었다. ………………………… [ ]

27 조편성을 위해 참가자 番號를 추첨했다. ………………………… [ ]

28 그는 왕실의 近親이었으나 벼슬하지 않았다. ………………… [ ]

29 정원에는 新綠이 움트고 꽃이 만발하였다. ………………………… [ ]

30 거실 벽에는 油畫 한 폭이 걸려 있었다. ………………………… [ ]

31 산 정상에 새하얀 春雪이 내렸다. ………………………… [ ]

32 외국의 조리법까지 도입하여 食道樂을 즐겼다. ………………… [ ]

02 다음 漢字의 訓과 音을 쓰세요. 33~56번

| 보기 |

字 → [글자 자]

33 術 [ ] 34 銀 [ ]
35 消 [ ] 36 園 [ ]
37 五 [ ] 38 童 [ ]
39 室 [ ] 40 正 [ ]
41 弱 [ ] 42 海 [ ]
43 才 [ ] 44 在 [ ]
45 開 [ ] 46 庭 [ ]
47 勝 [ ] 48 農 [ ]
49 習 [ ] 50 放 [ ]
51 醫 [ ] 52 夫 [ ]
53 意 [ ] 54 短 [ ]
55 定 [ ] 56 注 [ ]

03 다음 낱말과 뜻이 같은 漢字語를 |보기|에서 골라 그 번호를 쓰세요. 57~62번

| 보기 |

① 四時 ② 十二月 ③ 昨年
④ 理由 ⑤ 十一月 ⑥ 全部

57 섣달 [ ] 58 동짓달 [ ]
59 까닭 [ ] 60 사계절 [ ]
61 모조리 [ ] 62 지난해 [ ]

04 다음 낱말을 漢字로 쓰세요. 63~68번

63 산소('무덤'을 높여 이르는 말) ………………………… [ ]

64 선조(먼 윗대의 조상) ………………………… [ ]

65 동기(형제 · 자매) …… [ ]

66 기입(수첩 따위에 써넣음) ………………………… [ ]

67 목공(나무를 다루어 물건을 만드는 일) ………………………… [ ]

68 전산(컴퓨터나 계산기 등으로 정보를 처리하는 것) ………… [ ]

05 다음 밑줄 친 漢字語를 漢字로 쓰세요. 69~76번

69 밝은 미래를 위해서는 국력을 길러야 한다. ………………………… [ ]

70 농아들과 **수화**로 의사표현을 하였다.
································ [ ]

71 방학 동안에 **부족**한 공부를 하였다.
································ [ ]

72 시험 전에는 마음을 **편안**하게 가져야 한다.
································ [ ]

73 자기가 소유하여 사용하는 **자동차**를 '자가용'이라고 한다. ··· [ ]

74 건물에는 비상 **출구** 표시등이 곳곳에 설치되어 있었다. ········ [ ]

75 마을 공터에 **주민**들이 구름처럼 모였다.
································ [ ]

76 올해 신입생은 모두 **삼백 명**이다.
································ [ ]

06 다음 漢字의 반대 또는 상대되는 漢字를 골라 그 번호를 쓰세요. 77~78번

77 分 [ ] : ① 小 ② 界 ③ 計 ④ 合

78 物 [ ] : ① 心 ② 公 ③ 上 ④ 本

07 다음 사자성어의 [ ]에 들어갈 漢字를 |보기|에서 골라 그 번호를 쓰세요. 79~80번

|보기|

① 死 ② 圖 ③ 社 ④ 萬 ⑤ 有 ⑥ 運

79 千 [ ] 多幸 80 安全 [ ] 行

08 다음 漢字와 뜻이 비슷한 漢字를 골라 그 번호를 쓰세요. 81~82번

81 教 [ ] : ① 訓 ② 英 ③ 前 ④ 班

82 集 [ ] : ① 答 ② 根 ③ 角 ④ 會

09 다음 漢字와 소리는 같으나 뜻이 다른 漢字를 골라 그 번호를 쓰세요. 83~85번

83 晝 [ ] : ① 火 ② 主 ③ 日 ④ 朝

84 急 [ ] : ① 第 ② 紙 ③ 通 ④ 級

85 神 [ ] : ① 信 ② 體 ③ 今 ④ 始

10 다음 漢字語의 뜻을 풀이하세요. 86~87번

|보기|

國語 : [나라의 말]

86 來韓 : [ ]

87 風聞 : [ ]

11 다음 漢字의 색이 다른 획은 몇 번째 쓰는지 |보기|에서 찾아 그 번호를 쓰세요. 88~90번

|보기|

① 첫 번째	② 두 번째	③ 세 번째
④ 네 번째	⑤ 다섯 번째	⑥ 여섯 번째
⑦ 아홉 번째	⑧ 열 번째	⑨ 열한 번째

88 内 ·········· [ ]

89 區 ·········· [ ]

90 發 ·········· [ ]

10회 한자능력검정시험 6급 예상문제

(사) 한국어문회 주관

합격문항	63문항
시험시간	50분
정 답	142쪽

01 다음 밑줄 친 漢字語의 讀音을 쓰세요. (01~32번)

| 보기 |
漢字 → [한자]

01 전류가 흐르면 發光하는 물건을 만들었다. .... [ ]

02 그의 가문은 近代에 더욱 번성하였다. .... [ ]

03 임시정부는 새로운 對外활동을 펼쳤다. .... [ ]

04 역사적 使命을 띠고 이 땅에 태어났다. .... [ ]

05 그가 別世하자 집안에 울음이 그치지 않았다. .... [ ]

06 유엔군은 평화 유지 活動을 하였다. .... [ ]

07 나무망치로 두들겨 펴서 成形을 하였다. .... [ ]

08 생각할수록 空然히 가슴이 뛰었다. .... [ ]

09 그의 얼굴은 白雪처럼 깨끗하였다. .... [ ]

10 우아하고 아름다운 線美를 자랑하였다. .... [ ]

11 올여름은 昨年 여름보다 더웠다. .... [ ]

12 원고를 한데모아 책을 엮고 題號를 붙였다. .... [ ]

13 인류의 平和를 위해 몸을 바쳤다. .... [ ]

14 전국에서 共通으로 사용이 가능하다. .... [ ]

15 발목이 부어올라 韓醫원에서 침을 맞았다. .... [ ]

16 그는 現在 병원에 입원 중이다. .... [ ]

17 장군은 部下들을 거느리고 성을 지켰다. .... [ ]

18 그의 웃음에는 엉큼한 意圖가 숨어있었다. .... [ ]

19 죽은 사람과 交感을 하고 있는 것 같았다. .... [ ]

20 "그동안 失禮가 많았습니다." .... [ ]

21 그는 평생 金銀을 보배로 여기지 않았다. .... [ ]

22 입학 원서를 書式에 맞추어 작성했다. .... [ ]

23 맑고 깨끗한 童心의 세계를 표현하였다. .... [ ]

24 그가 지은 죄에 비해 重科가 내려졌다. .... [ ]

25 "항상 幸運이 따르기를 바랍니다." .... [ ]

26 원서에 姓名을 한자로 썼다. …… [ ]

27 최영 장군은 홍건적을 물리치고 開京을 수복하였다. …… [ ]

28 집안의 명예와 體面을 지키려고 하였다. …… [ ]

29 내부는 바깥보다 溫度가 훨씬 높았다. …… [ ]

30 철갑선의 始祖는 거북선이라고 한다. …… [ ]

31 피자와 통닭을 注文했다. …… [ ]

32 설날에는 어린이들에게 세뱃돈을 주는 風習이 있다. …… [ ]

02 다음 漢字의 訓과 音을 쓰세요. 33~56번

| 보기 |

字 → [글자 자]

33 庭 [ ]	34 勝 [ ]
35 界 [ ]	36 第 [ ]
37 聞 [ ]	38 多 [ ]
39 集 [ ]	40 根 [ ]
41 半 [ ]	42 淸 [ ]
43 各 [ ]	44 立 [ ]
45 衣 [ ]	46 班 [ ]
47 村 [ ]	48 夏 [ ]
49 話 [ ]	50 冬 [ ]
51 短 [ ]	52 族 [ ]
53 油 [ ]	54 作 [ ]
55 用 [ ]	56 園 [ ]

03 다음 밑줄 친 漢字語를 漢字로 쓰세요. 57~76번

| 보기 |

한자 → [漢字]

57 자동차 **공장**을 견학하였다. …… [ ]

58 "우리 **가문**의 전통을 이어받자." …… [ ]

59 **인간**은 사회적 동물이다. …… [ ]

60 쉬는 시간이라 **교실** 안은 시끄러웠다. …… [ ]

61 요즘 **서해**의 파도가 높다. …… [ ]

62 일하는 **농부**의 땀방울. …… [ ]

63 **차도**에서 노는 것은 위험하다. …… [ ]

64 서로 주고받은 **문답**을 기록으로 남겼다. …… [ ]

65 사람의 몸은 **좌우**가 대칭이다. …… [ ]

66 저 **가수**는 노래를 참 잘한다. …… [ ]

67 군에 입대한 삼촌에게 **편지**를 썼다. …… [ ]

68 대나무와 솔은 **사시**에 푸르다. …… [ ]

69 **식물**원에는 많은 꽃과 나무들이 있다. …… [ ]

70 길을 건널 때는 **전후** 좌우를 살펴야 한다. …… [ ]

71 1에서 10까지 <u>숫자</u>를 한자로 써보자.
…………………………… [ ]

72 선현이는 걸어서 <u>등교</u>한다.
…………………………… [ ]

73 <u>식구</u>끼리 바다에 놀러 갔다.
…………………………… [ ]

74 올해 할아버지의 <u>춘추</u>는 80세이시다.
…………………………… [ ]

75 6・25전쟁은 <u>삼팔</u>선을 중심으로 국토의 허리를 자르는 휴전선만 남겼다.
…………………………… [ ]

76 군인들이 자기 부대를 상징하는 <u>군기</u>를 펄럭이며 행진을 했다.
…………………………… [ ]

04 다음 漢字의 반대 또는 상대되는 漢字를 골라 그 번호를 쓰세요. 77~78번

77 苦 [ ] : ①草 ②藥 ③樂 ④民

78 朝 [ ] : ①陽 ②月 ③日 ④夕

05 다음 사자성어의 [ ]에 들어갈 漢字를 |보기| 에서 골라 그 번호를 쓰세요. 79~80번

|보기|
①新 ②遠 ③川 ④行 ⑤九 ⑥長

79 山高水 [ ] **80** 不 [ ] 千里

06 다음 漢字와 뜻이 비슷한 漢字를 골라 그 번호를 쓰세요. 81~82번

81 言 [ ] : ①中 ②內 ③語 ④同

82 正 [ ] : ①東 ②表 ③直 ④定

07 다음 漢字와 소리는 같으나 뜻이 다른 漢字를 골라 그 번호를 쓰세요. 83~85번

83 消 [ ] : ①親 ②所 ③火 ④方

84 飮 [ ] : ①合 ②窓 ③堂 ④音

85 路 [ ] : ①上 ②老 ③大 ④足

08 다음 漢字語의 뜻을 풀이하세요. 86~87번

|보기|
國語 : [나라의 말]

86 生花 : [ ]

87 入住 : [ ]

09 다음 漢字의 색이 다른 획은 몇 번째 쓰는지 |보기|에서 찾아 그 번호를 쓰세요. 88~90번

|보기|

① 첫 번째	② 두 번째	③ 세 번째
④ 네 번째	⑤ 다섯 번째	⑥ 여섯 번째
⑦ 일곱 번째	⑧ 여덟 번째	⑨ 아홉 번째

88  ………… [ ]

89  ………… [ ]

90  ………… [ ]

11회 한자능력검정시험 6급 예상문제

(사) 한국어문회 주관	
합격문항	63문항
시험시간	50분
정 답	144쪽

01 다음 밑줄 친 漢字語의 讀音을 쓰세요. (01~32번)

| 보기 |

漢字 → [한자]

01 "서로 비슷한 文章을 찾아 밑줄을 그어 보자." ······ [ ]

02 그는 전원에서 風月을 벗하며 살았다. ······ [ ]

03 폭풍 때문에 通信 상태가 좋지 않았다. ······ [ ]

04 "물건 값의 合計가 얼마입니까?" ······ [ ]

05 학기말 시험에서 전 科目을 100점 받았다. ······ [ ]

06 아름다운 行書로 써서 멋을 더하였다. ······ [ ]

07 신부가 먼저 절하고 신랑이 答禮로 절하였다. ······ [ ]

08 아빠는 이번 학기에 과학교실 室長이 되셨다. ······ [ ]

09 다섯 번의 실패 끝에 정상 정복에 成功하였다. ······ [ ]

10 정월 보름이면 石戰놀이를 하는 풍습이 있다. ······ [ ]

11 우리 고장을 樂園으로 만들자고 하였다. ······ [ ]

12 학생들은 늦게까지 自習을 했다. ······ [ ]

13 경험이 많은 선장은 直感으로 배를 몰았다. ······ [ ]

14 몸져누우신 어머니에게 米飮을 떠먹였다. ······ [ ]

15 시험이 지난해보다 어렵게 出題되었다. ······ [ ]

16 그의 간교한 術數에 넘어갔다. ······ [ ]

17 세계 곳곳에서 평화와 安定이 위협받고 있다. ······ [ ]

18 이 지역 주민이라 주변의 地形에 밝았다. ······ [ ]

19 한자는 우수한 表意 문자이다. ······ [ ]

20 작가와 讀者가 서점에서 만남을 가졌다. ······ [ ]

21 오늘 경기는 뜻밖에도 큰 勝利였다. ······ [ ]

22 예상 밖의 충격으로 失神하고 말았다. ······ [ ]

23 대통령이 주변국을 公式 방문하였다. ······ [ ]

24 디지털 문명이 高度로 발달하고 있다. ······ [ ]

25 외교 관계를 樹立한 이후로 교류가 활발하다. ······ [ ]

26 여러 장치들을 컴퓨터와 有線으로 연결하였다. .... [ ]

27 9월인데도 夏服을 입을 정도로 더웠다. .... [ ]

28 고분에서 출토된 신라 반지는 남녀의 區別이 없다. .... [ ]

29 교정은 開學을 앞두고 새 단장을 하였다. .... [ ]

30 이웃나라에 急使를 보내어 지원을 요청하였다. .... [ ]

31 양들이 綠野에서 한가롭게 풀을 뜯고 있다. .... [ ]

32 동지섣달 다 지내고 陽春을 맞이하네. .... [ ]

02 다음 漢字의 訓과 音을 쓰세요. 33~56번

| 보기 |

字 → [글자 자]

33 黃 [ ]	34 號 [ ]
35 江 [ ]	36 理 [ ]
37 強 [ ]	38 夫 [ ]
39 部 [ ]	40 根 [ ]
41 冬 [ ]	42 代 [ ]
43 白 [ ]	44 病 [ ]
45 果 [ ]	46 光 [ ]
47 先 [ ]	48 族 [ ]
49 每 [ ]	50 球 [ ]
51 向 [ ]	52 左 [ ]
53 東 [ ]	54 用 [ ]
55 界 [ ]	56 育 [ ]

03 다음 밑줄 친 漢字語를 漢字로 쓰세요. 57~76번

| 보기 |

한자 → [漢字]

57 올해 **농사**는 풍년이다. .... [ ]

58 울창한 **산림**을 보아라. .... [ ]

59 봄에 아파트에 **입주**하였다. .... [ ]

60 **청색** 물감으로 하늘을 색칠하였다. .... [ ]

61 얼굴에 **생기**가 돈다. .... [ ]

62 **소년**은 1등으로 달렸다. .... [ ]

63 비가 오는 **하교** 길은 매우 복잡하다. .... [ ]

64 터널 속에서 **이중** 충돌이 일어났다. .... [ ]

65 심청이는 **효녀**이다. .... [ ]

66 우리 가족은 일요일에 **외식**을 했다. .... [ ]

67 내일은 즐거운 **휴일**이다. .... [ ]

68 방학 동안에 **조부모**를 찾아뵈었다. .... [ ]

69 **대한민국**은 민주공화국이다. .... [ ]

70 **시간** 약속을 잘 지켜야 한다. .... [ ]

71 나는 철수와 **동성**동본이다. ································ [ ]

72 옛 사람들은 **불로초**를 먹으면 오래 산다고 믿었다. ·········· [ ]

73 재료비보다 **수공**이 훨씬 비싸다. ································ [ ]

74 **동물** 농장에서의 하루는 즐거웠다. ································ [ ]

75 무대 위로 배우들이 박수를 받으며 **등장**하였다. ··················· [ ]

76 젊어서 고생은 **천금**을 주고도 살 수 없다. ································ [ ]

04 다음 漢字의 반대 또는 상대되는 漢字를 골라 그 번호를 쓰세요. 77~78번

77 心 [ ] : ①在 ②來 ③古 ④身

78 昨 [ ] : ①省 ②愛 ③今 ④英

05 다음 사자성어의 [ ]에 들어갈 漢字를 |보기|에서 골라 그 번호를 쓰세요. 79~80번

|보기|

①面 ②正 ③雪 ④發 ⑤永 ⑥上

79 正 [ ] 堂堂 80 百 [ ] 百中

06 다음 漢字와 뜻이 비슷한 漢字를 골라 그 번호를 쓰세요. 81~82번

81 海 [ ] : ①寸 ②洋 ③里 ④軍

82 圖 [ ] : ①畫 ②頭 ③世 ④書

07 다음 漢字와 소리는 같으나 뜻이 다른 漢字를 골라 그 번호를 쓰세요. 83~85번

83 各 [ ] : ①道 ②子 ③角 ④夕

84 共 [ ] : ①空 ②洞 ③業 ④電

85 命 [ ] : ①木 ②弟 ③聞 ④明

08 다음 漢字語의 뜻을 풀이하세요. 86~87번

|보기|

國語 : [나라의 말]

86 苦待 : [ ]

87 記名 : [ ]

09 다음 漢字의 색이 다른 획은 몇 번째 쓰는지 |보기|에서 찾아 그 번호를 쓰세요. 88~90번

|보기|

①첫 번째 ②두 번째 ③세 번째
④네 번째 ⑤다섯 번째 ⑥여섯 번째
⑦일곱 번째 ⑧여덟 번째 ⑨아홉 번째

88 平 ··········· [ ]

89 始 ··········· [ ]

90 近 ··········· [ ]

12회 한자능력검정시험 6급 예상문제

(사) 한국어문회 주관	
합격문항	63문항
시험시간	50분
정 답	145쪽

01 다음 밑줄 친 漢字語의 讀音을 쓰세요.

01~32번

| 보기 |

漢字 → [한자]

01 고구마는 球根으로, 비옥한 땅이 아니어도 잘 자라는 작물이다. .... [ ]

02 다행히도 우리 팀에게 勝運이 따랐다. .... [ ]

03 전쟁으로 수많은 문화재가 消失되었다. .... [ ]

04 나라마다 각기 다른 건국神話가 있다. .... [ ]

05 정성을 다해 韓藥을 달였다. .... [ ]

06 만국평화회의에 特使를 파견했다. .... [ ]

07 그들 부족은 短身이지만 무척 용맹하다. .... [ ]

08 "이렇게 무사히 돌아오시니 天幸입니다." .... [ ]

09 대보름을 맞이하여 洞會에서 축제를 열었다. .... [ ]

10 안채 뒤 後園에는 작은 정자가 있다. .... [ ]

11 몸무게에 따라 等級을 나누었다. .... [ ]

12 학생들에게 愛族 정신을 일깨웠다. .... [ ]

13 이름을 英文으로 표기하였다. .... [ ]

14 여러 단체가 하나로 합쳐 항일 戰線을 펼쳤다. .... [ ]

15 민후는 어릴 때부터 道術에 관심이 많았다. .... [ ]

16 가족들의 和合이 잘 이루어졌다. .... [ ]

17 직선적인 표현으로 作者의 개성을 보여주었다. .... [ ]

18 생활하면서 便利하게 이용하도록 하였다. .... [ ]

19 선생님의 강의를 듣고 感服하였다. .... [ ]

20 이 건물은 지금도 本來의 모습을 그대로 간직하고 있다. .... [ ]

21 사람들이 한꺼번에 몰려 通路가 무척 붐볐다. .... [ ]

22 누군가 多急한 목소리로 나를 불렀다. .... [ ]

23 썩은 部分을 잘라냈다. .... [ ]

24 소나무 가지 끝에서 淸風이 일었다. .... [ ]

25 아들은 先親의 뜻을 대신 이루고 눈물을 흘렸다. .... [ ]

26 초창기 洋樂 발전에 이바지했다. ………………………… [ ]

27 건강하고 행복한 家庭을 강조하였다. ………………………… [ ]

28 불우학생에 대한 向學의 길을 열어주었다. ………………………… [ ]

29 주민들의 반대를 무릅쓰고 공사를 強行했다. ………………………… [ ]

30 결혼식에 은사님을 主禮로 모셨다. ………………………… [ ]

31 적들은 바위 뒤 死角에 숨어 있었다. ………………………… [ ]

32 그들은 世習을 따르기로 하였다. ………………………… [ ]

02 다음 漢字의 訓과 音을 쓰세요. 33~56번

| 보기 |

字 → [글자 자]

33 放 [ ] 34 祖 [ ]
35 堂 [ ] 36 昨 [ ]
37 交 [ ] 38 由 [ ]
39 銀 [ ] 40 開 [ ]
41 子 [ ] 42 九 [ ]
43 始 [ ] 44 醫 [ ]
45 苦 [ ] 46 反 [ ]
47 果 [ ] 48 太 [ ]
49 野 [ ] 50 光 [ ]
51 永 [ ] 52 番 [ ]
53 場 [ ] 54 頭 [ ]
55 章 [ ] 56 陽 [ ]

03 다음 밑줄 친 漢字語를 漢字로 쓰세요. 57~76번

| 보기 |

한자 → [漢字]

57 봄철에는 **농민**들의 손길이 분주하다. ………………………… [ ]

58 "**식사**시간에는 조용히 하자." ………………………… [ ]

59 수력발전으로 **전기**를 생산한다. ………………………… [ ]

60 항상 **내외**가 함께 여행을 다닌다. ………………………… [ ]

61 삼촌은 **지방**의 작은 도시에서 태어났다. ………………………… [ ]

62 **생명**을 다하여 조국을 지켰다. ………………………… [ ]

63 오늘 오후에는 **자연**학습 시간이 있다. ………………………… [ ]

64 영수가 **해군**에 입대하였다. ………………………… [ ]

65 내일 6**교시** 수업은 체육이다. ………………………… [ ]

66 산행길에 비를 만나 **하산**을 서둘렀다. ………………………… [ ]

67 구급차는 항시 **출동** 준비를 하고 있다. ………………………… [ ]

68 내일 **오전**에 이웃 사랑 모임이 있다. ………………………… [ ]

69 게임의 **왕중왕**을 가렸다. ………………………… [ ]

70 "미안합니다." "**천만**에요." ······························· [ ]

71 동해안 지방은 오징어가 **명물**이다. ······························· [ ]

72 "**정면**을 바라보며 씩씩하게 걸어라." ······························· [ ]

73 시청 앞은 **전국**에서 모여든 사람들로 가득했다. ··················· [ ]

74 **남북**정상회담은 우리 국민의 희망이다. ······························· [ ]

75 자기의 생활이나 체험을 직접 쓴 것을 '**수기**'라고 한다. ············ [ ]

76 견우와 직녀가 **칠석**날에 오작교에서 만난다는 전설이 있다. ·· [ ]

04 다음 漢字의 반대 또는 상대되는 漢字를 골라 그 번호를 쓰세요. 77~78번

77 遠 [ ] : ①近 ②長 ③村 ④里

78 新 [ ] : ①今 ②古 ③月 ④形

05 다음 사자성어의 [ ]에 들어갈 漢字를 |보기|에서 골라 그 번호를 쓰세요. 79~80번

|보기|

①聞 ②草 ③白 ④上 ⑤問 ⑥共

79 東 [ ] 西答 80 [ ] 綠同色

06 다음 漢字와 뜻이 비슷한 漢字를 골라 그 번호를 쓰세요. 81~82번

81 算 [ ] : ①成 ②川 ③夏 ④數

82 樹 [ ] : ①林 ②寸 ③京 ④水

07 다음 漢字와 소리는 같으나 뜻이 다른 漢字를 골라 그 번호를 쓰세요. 83~85번

83 第 [ ] : ①題 ②室 ③表 ④兄

84 在 [ ] : ①石 ②住 ③才 ④班

85 米 [ ] : ①所 ②界 ③市 ④美

08 다음 漢字語의 뜻을 풀이하세요. 86~87번

|보기|

國語 : [나라의 말]

86 心理 : [ ]

87 植木 : [ ]

09 다음 漢字의 색이 다른 획은 몇 번째 쓰는지 |보기|에서 찾아 그 번호를 쓰세요. 88~90번

|보기|

① 첫 번째	② 두 번째	③ 세 번째
④ 네 번째	⑤ 다섯 번째	⑥ 여섯 번째
⑦ 여덟 번째	⑧ 아홉 번째	⑨ 열 번째

88  ··········· [ ]

89  ··········· [ ]

90  ··········· [ ]

13회 한자능력검정시험 6급 예상문제

(사) 한국어문회 주관	
합격문항	63문항
시험시간	50분
정 답	147쪽

01 다음 밑줄 친 漢字語의 讀音을 쓰세요. 01~32번

| 보기 |

漢字 → [한자]

01 그 소문은 近洞의 주민들을 놀라게 했다. ………… [ ]

02 할아버지께서는 시골 서당에서 訓長을 하며 말년을 보냈다. ………… [ ]

03 거대한 戰車가 굉음을 울리며 달렸다. ………… [ ]

04 촌각을 다투는 火急한 상황이 벌어졌다. ………… [ ]

05 해군은 배의 이름을 '이순신'이라고 命名하였다. ………… [ ]

06 구조를 알리는 긴급 信號를 보냈다. ………… [ ]

07 사랑채를 통과해서 內堂으로 들어섰다. ………… [ ]

08 두 시간마다 交代를 하였다. ………… [ ]

09 이 시험의 합격자는 下級 관리가 된다. ………… [ ]

10 그는 오랜 病苦를 이겨냈다. ………… [ ]

11 좁은 空間을 활용하여 책장을 만들었다. ………… [ ]

12 농사에 관한 일을 問答으로 기록하였다. ………… [ ]

13 가르침에 따라 마을을 禮樂으로 다스렸다. ………… [ ]

14 제비의 다리를 치료하고 江南으로 떠나보냈다. ………… [ ]

15 전학간 친구의 소식을 風聞으로 들었다. ………… [ ]

16 가까운 親族들이 모두 모였다. ………… [ ]

17 두 사람이 극적으로 만나는 場面에서 모두 눈물을 흘렸다. ………… [ ]

18 버려진 폐품들을 利用하여 작품을 만들었다. ………… [ ]

19 사냥꾼들은 썰매를 타고 雪野를 달렸다. ………… [ ]

20 우리나라와 중국 사이에 黃海가 있다. ………… [ ]

21 그건 누가 보아도 明白한 속임수였다. ………… [ ]

22 기차를 타고 무작정 上京하기로 하였다. ………… [ ]

23 먼저 학우들의 同意를 얻어야 했다. ………… [ ]

24 책의 겉장은 油紙로 되어 있었다. ………… [ ]

25 질서의식이 不在하다고 꾸중을 들었다. ………… [ ]

26 사람들 太半이 그에게서 마음을 돌렸다.
.... [ ]

27 아버지의 後光으로 권세를 누리면서도 부끄러운 줄 몰랐다. .. [ ]

28 좋은 글을 쓰기 위해서는 多讀이 중요하다.
.... [ ]

29 고정된 반직선이 시계바늘과 반대방향으로 회전하는 것을 陽角이라고 한다.
.... [ ]

30 등산 전에 地圖를 보고 코스를 확인했다.
.... [ ]

31 사자를 先頭로 짐승의 행렬이 이어졌다.
.... [ ]

32 수년간의 作業 끝에 완성하였다.
.... [ ]

02 다음 漢字의 訓과 音을 쓰세요. 33~56번

| 보기 |

字 → [글자 자]

33 樹 [ ]	34 夜 [ ]
35 等 [ ]	36 術 [ ]
37 功 [ ]	38 和 [ ]
39 校 [ ]	40 夏 [ ]
41 高 [ ]	42 休 [ ]
43 由 [ ]	44 庭 [ ]
45 工 [ ]	46 藥 [ ]
47 感 [ ]	48 形 [ ]
49 社 [ ]	50 幸 [ ]
51 米 [ ]	52 李 [ ]
53 界 [ ]	54 計 [ ]
55 題 [ ]	56 園 [ ]

03 다음 밑줄 친 漢字語를 漢字로 쓰세요. 57~76번

| 보기 |

한자 → [漢字]

57 친구들과 지하철 **입구**에서 만나기로 했다.
.... [ ]

58 우편 봉투에는 정확한 **주소**를 써야 한다.
.... [ ]

59 우리 **농촌**의 풍경은 아름답다.
.... [ ]

60 **등산**은 건강에 매우 좋다.
.... [ ]

61 우리 국민은 대부분 쌀을 **주식**으로 한다.
.... [ ]

62 봄날의 들판은 **초목**이 푸르렀다.
.... [ ]

63 그 동굴은 **천연** 그대로를 간직하고 있다.
.... [ ]

64 아름다운 고려청자가 **출토**되었다.
.... [ ]

65 낮 열두 시를 **정오**라고 한다.
.... [ ]

66 휴화산이 다시 **활동**을 시작했다.
.... [ ]

67 전자매장에는 **가전**제품들이 즐비했다.
.... [ ]

68 저 사람은 **백만**장자이다.
.... [ ]

69 오늘 일을 **내일**로 미루면 안 된다.
.... [ ]

70 출발하기 **직전**에 다시 인원을 점검하였다. ································ [ ]

71 도심에서 가까운 **시외**로 소풍을 갔다. ································ [ ]

72 그의 큰 재산은 **자수**로 이룬 것이다. ································ [ ]

73 **소수**의 의견이라도 무시하면 안 된다. ································ [ ]

74 할머니께서는 **연로**한 몸으로 농사를 지으신다. ······················ [ ]

75 **입추**가 지난 뒤에도 한낮의 햇볕은 뜨거웠다. ······················ [ ]

76 규칙은 사람들을 **안전**하게 보호하기 위한 것이다. ········· [ ]

04 다음 漢字의 반대 또는 상대되는 漢字를 골라 그 번호를 쓰세요. 77~78번

77 言 [ ] : ①語 ②行 ③者 ④話

78 祖 [ ] : ①平 ②母 ③孫 ④國

05 다음 사자성어의 [ ]에 들어갈 漢字를 |보기|에서 골라 그 번호를 쓰세요. 79~80번

|보기|

①每 ②道 ③方 ④古 ⑤月 ⑥中

79 東西[ ]今 80 八[ ]美人

06 다음 漢字와 뜻이 비슷한 漢字를 골라 그 번호를 쓰세요. 81~82번

81 綠 [ ] : ①色 ②青 ③郡 ④川

82 英 [ ] : ①永 ②花 ③水 ④特

07 다음 漢字와 소리는 같으나 뜻이 다른 漢字를 골라 그 번호를 쓰세요. 83~85번

83 注 [ ] : ①晝 ②王 ③清 ④書

84 石 [ ] : ①牛 ②席 ③右 ④度

85 科 [ ] : ①果 ②時 ③目 ④教

08 다음 漢字語의 뜻을 풀이하세요. 86~87번

|보기|

國語 : [나라의 말]

86 勝算 : [ ]

87 記事 : [ ]

09 다음 漢字의 색이 다른 획은 몇 번째 쓰는지 |보기|에서 찾아 그 번호를 쓰세요. 88~90번

|보기|

① 첫 번째	② 두 번째	③ 세 번째
④ 네 번째	⑤ 다섯 번째	⑥ 여섯 번째
⑦ 여덟 번째	⑧ 열한 번째	⑨ 열두 번째

88 開 ··········· [ ]

89 成 ··········· [ ]

90 服 ··········· [ ]

14회 한자능력검정시험 6급 예상문제

(사) 한국어문회 주관	
합격문항	63문항
시험시간	50분
정 답	148쪽

01 다음 밑줄 친 漢字語의 讀音을 쓰세요.

01~32번

| 보기 |

讀音 → [독음]

01 낙타는 효과적인 體溫 조절능력을 갖고 있다. ………………… [ ]

02 여러 角度에서 문제점을 찾아보았다. ………………… [ ]

03 마을 주민들이 育林 사업에 힘썼다. ………………… [ ]

04 깨끗한 공기를 注入하였다. ………………… [ ]

05 "사람들은 그대가 청렴하지 못하다고 하는데 정말 그러한가?"라고 反問했다. ………………… [ ]

06 할머니와 孫女가 함께 봄나물을 뜯고 있다. ………………… [ ]

07 어머니는 庭草를 뽑으며 화단을 가꾸셨다. ………………… [ ]

08 우리나라에서는 1982년에 프로野球가 탄생했다. ………………… [ ]

09 귀양 온 자신의 身世를 한탄하였다. ………………… [ ]

10 공원 안에서는 電氣 자동차만 다니게 하였다. ………………… [ ]

11 아버지는 해마다 在京 동문회에 참석하신다. ………………… [ ]

12 관람객들이 親近하게 조각품을 감상하고 있다. ………………… [ ]

13 그는 도사를 만난 뒤 神通한 능력을 얻었다. ………………… [ ]

14 특정 어업을 위해 일정 海區를 정하였다. ………………… [ ]

15 "아마 今夕에도 글만 읽고 앉아 있을걸." ………………… [ ]

16 發病 지역이 점차 확대되었다. ………………… [ ]

17 쌀을 빌려 쓰고 現物로 갚기로 하였다. ………………… [ ]

18 사람들이 볼 수 있게 公共장소에 설치하였다. ………………… [ ]

19 그는 우리나라에 永住하고 싶다고 말했다. ………………… [ ]

20 북쪽으로 가는 急行열차에 몸을 실었다. ………………… [ ]

21 낙제는 等數 밖으로 밀려 떨어졌다는 말이다. ………………… [ ]

22 5월을 新綠의 계절이라고 말한다. ………………… [ ]

23 사람은 힘의 強弱이 같지 않다. ………………… [ ]

24 우리 마을에 새로운 버스 路線이 생겼다. ………………… [ ]

25 신문사는 號外를 발행하였다. ………………… [ ]

26 꾸어간 쌀에 높은 利子를 붙였다. ……………………………… [ ]

27 겨울철 衣服을 손질하였다. ……………………………… [ ]

28 서로를 사랑하며 마음의 交感을 나누었다. ……………………………… [ ]

29 그는 어릴 때부터 英明하다는 명성이 있었다. …………………… [ ]

30 어느 종교에서든 樂園의 세계가 있다. ……………………………… [ ]

31 이주민은 새로운 환경에 直面하였다. ……………………………… [ ]

32 사람들은 그의 예의범절과 차분한 話術을 칭찬하였다. ······· [ ]

02 다음 漢字의 訓과 音을 쓰세요. 33~56번

| 보기 |

音 → [소리 음]

33 表 [ ]	34 放 [ ]
35 答 [ ]	36 頭 [ ]
37 才 [ ]	38 陽 [ ]
39 寸 [ ]	40 代 [ ]
41 果 [ ]	42 文 [ ]
43 歌 [ ]	44 訓 [ ]
45 界 [ ]	46 班 [ ]
47 名 [ ]	48 部 [ ]
49 勇 [ ]	50 席 [ ]
51 意 [ ]	52 空 [ ]
53 習 [ ]	54 九 [ ]
55 向 [ ]	56 雲 [ ]

03 다음 밑줄 친 漢字語를 漢字로 쓰세요. 57~76번

| 보기 |

독음 → [讀音]

57 그는 매년 극기훈련에 참가한다. ……………………………… [ ]

58 오늘은 채소씨를 농토에 뿌렸다. ……………………………… [ ]

59 교실에서 시끄럽게 떠들어서는 안 된다. ……………………………… [ ]

60 집주인은 친절하였다. ……………………………… [ ]

61 그는 노모를 모시고 산다. ……………………………… [ ]

62 문은 자동으로 열렸다. ……………………………… [ ]

63 노인은 수족이 불편해 보였다. ……………………………… [ ]

64 방학 시간을 뜻 깊게 보내야 한다. ……………………………… [ ]

65 백성들은 평화롭게 살기를 원했다. ……………………………… [ ]

66 왕의 좌우로 신하들이 늘어섰다. ……………………………… [ ]

67 오색 찬란한 불빛이 강물을 물들였다. ……………………………… [ ]

68 모든 일에는 선후가 있어야 한다. ……………………………… [ ]

69 서북풍이 불면서 날씨가 추워졌다. ……………………………… [ ]

70 봄비가 **대지**를 촉촉이 적셨다. ………………………………… [ ]

71 **동리**마다 과일나무를 재배했다. ………………………………… [ ]

72 그들은 **가문**의 명예를 존중하였다. ………………………………… [ ]

73 문을 잠갔으나 **안심**이 되지 않았다. ………………………………… [ ]

74 **청천**(푸른 하늘)에 낮달이 떠있다. ………………………………… [ ]

75 어머니는 설빔을 사러 **시장**에 가셨다. ………………………………… [ ]

76 **활자**의 사용은 인쇄술의 발달을 가져왔다. ………………………………… [ ]

04 다음 漢字의 반대 또는 상대되는 漢字를 골라 그 번호를 쓰세요. 77~78번

77 夏 [ ] : ①冬 ②圖 ③春 ④四

78 生 [ ] : ①使 ②運 ③死 ④信

05 다음 사자성어의 [ ]에 들어갈 漢字를 |보기|에서 골라 그 번호를 쓰세요. 79~80번

|보기|

①日 ②美 ③幸 ④小 ⑤重 ⑥族

79 愛國愛 [ ] 80 千萬多 [ ]

06 다음 漢字와 뜻이 비슷한 漢字를 골라 그 번호를 쓰세요. 81~82번

81 算 [ ] : ①計 ②番 ③開 ④昨

82 本 [ ] : ①木 ②朴 ③根 ④定

07 다음 漢字와 소리는 같으나 뜻이 다른 漢字를 골라 그 번호를 쓰세요. 83~85번

83 所 [ ] : ①聞 ②失 ③消 ④速

84 食 [ ] : ①秋 ②式 ③者 ④作

85 形 [ ] : ①用 ②兄 ③第 ④太

08 다음 漢字語의 뜻을 풀이하세요. 86~87번

|보기|

國語 : [나라의 말]

86 全力 : [ ]

87 休校 : [ ]

09 다음 漢字의 색이 다른 획은 몇 번째 쓰는지 |보기|에서 찾아 그 번호를 쓰세요. 88~90번

|보기|

①첫 번째	②두 번째	③세 번째
④네 번째	⑤다섯 번째	⑥여섯 번째
⑦일곱 번째	⑧여덟 번째	⑨아홉 번째

88 少 ………… [ ]

89 來 ………… [ ]

90 由 ………… [ ]

15회 한자능력검정시험 6급 예상문제

(사) 한국어문회 주관	
합격문항	63문항
시험시간	50분
정 답	150쪽

01 다음 밑줄 친 漢字語의 讀音을 쓰세요.

01~32번

| 보기 |

漢字 → [한자]

01 이 식물은 성장 速度가 더디다. .... [ ]

02 손님에게 차와 正果를 대접했다. .... [ ]

03 遠洋어업으로 새로운 활로를 개척하고 있다. .... [ ]

04 작전 本部의 다음 지시를 기다렸다. .... [ ]

05 경계 근무에 萬全을 기하라고 당부했다. .... [ ]

06 미래를 이끌어나갈 英才를 발굴하였다. .... [ ]

07 반 아이들은 數學 문제 풀기 경쟁을 하였다. .... [ ]

08 동상은 실제 사람과 거의 等身으로 만들었다. .... [ ]

09 그는 모든 것을 運命으로 받아들였다. .... [ ]

10 이전과 다른 新作을 발표하였다. .... [ ]

11 공사 현장에서 古代 유물을 발견하였다. .... [ ]

12 전통 在來 방법으로 흑설탕을 만들었다. .... [ ]

13 신입단원은 2박 3일간 集體 교육을 받았다. .... [ ]

14 가원이는 자신의 계획을 行動으로 옮겼다. .... [ ]

15 가격이 向後 어느 정도 움직일 것이다. .... [ ]

16 두 사람은 서로 자주 만나 親交가 깊다. .... [ ]

17 정보를 共有하고 작전 계획을 세웠다. .... [ ]

18 한지를 이용하여 窓門을 만들었다. .... [ ]

19 그는 불교뿐만 아니라 건축, 미술, 醫藥 등도 전하였다. .... [ ]

20 조용한 곳에서 便安한 자세로 눈을 감고 명상을 하였다. .... [ ]

21 마을사람들은 해마다 神堂에서 산신제를 지낸다. .... [ ]

22 지후는 자신을 표현하는 方式도 남들과 달랐다. .... [ ]

23 김치는 이제 세계적인 飮食이 되었다. .... [ ]

24 훤한 大路까지 친구를 배웅하였다. .... [ ]

25 할머니께서는 수술을 마치고 病室로 옮겨졌다. ………………… [ ]

26 그는 여러 차례 郡邑의 수령을 지냈다.
……………………………… [ ]

27 特定 부분만을 확대하여 보여주었다.
……………………………… [ ]

28 그에 대한 기사가 커다란 表題 아래 실렸다.
……………………………… [ ]

29 세공인들은 金銀을 비싼 값으로 사들였다.
……………………………… [ ]

30 예상을 깨고 지역 출신이 樂勝을 거두었다.
……………………………… [ ]

31 필름은 ASA 번호가 클수록 感光 속도가 빠르다. ………………… [ ]

32 잠자리에 들기까지 늦도록 讀書를 했다.
……………………………… [ ]

02 다음 漢字의 訓과 音을 쓰세요. 33~56번

| 보기 |

字 → [글자 자]

33 祖 [ ] 34 然 [ ]
35 草 [ ] 36 急 [ ]
37 千 [ ] 38 紙 [ ]
39 太 [ ] 40 習 [ ]
41 各 [ ] 42 農 [ ]
43 分 [ ] 44 業 [ ]
45 現 [ ] 46 半 [ ]
47 章 [ ] 48 京 [ ]
49 始 [ ] 50 道 [ ]
51 童 [ ] 52 形 [ ]
53 陽 [ ] 54 物 [ ]
55 理 [ ] 56 野 [ ]

03 다음 밑줄 친 漢字語를 漢字로 쓰세요.

57~76번

| 보기 |

한자 → [漢字]

57 중요한 정보를 입수하였다.
……………………………… [ ]

58 추돌사고로 시내의 교통이 마비되었다.
……………………………… [ ]

59 그 지방은 산림이 울창하다.
……………………………… [ ]

60 "성명을 쓰지 않으면 불합격 처리 됩니다."
……………………………… [ ]

61 모든 일은 오전에 이미 다 마쳤다.
……………………………… [ ]

62 해마다 남촌에 봄바람이 불어오네.
……………………………… [ ]

63 그는 왕가 출신으로 재산이 많았다.
……………………………… [ ]

64 재개발은 주민의 반대로 무산되었다.
……………………………… [ ]

65 입동부터 겨울이 시작된다고 한다.
……………………………… [ ]

66 일기가 좋아져서 공원으로 산책을 갔다.
……………………………… [ ]

67 비좁은 공간에 필요한 것은 다 갖추었다.
……………………………… [ ]

68 연로하신 분에게 자리를 양보했다.
……………………………… [ ]

69 그는 **외출**하고 집에는 아무도 없었다. ································ [ ]

70 비가 그침과 **동시**에 무지개가 떴다. ································ [ ]

71 **세상**에서 가장 귀중한 것은 생명이다. ································ [ ]

72 지구의 중심 방향으로 끌어당기는 힘을 **중력**이라고 한다. ··· [ ]

73 학교 당국은 임시 **휴교** 조치를 취했다. ································ [ ]

74 이번 전략은 **천하**에서 으뜸가는 술책이다. ································ [ ]

75 저 두 **형제**는 항상 함께 다닌다. ································ [ ]

76 건축 **공사**가 거의 마무리되었다. ································ [ ]

04 다음 漢字의 반대 또는 상대되는 漢字를 골라 그 번호를 쓰세요. 77~78번

77 春 [ ] : ①江 ②東 ③青 ④秋

78 問 [ ] : ①平 ②班 ③地 ④答

05 다음 사자성어의 [ ]에 들어갈 漢字를 |보기|에서 골라 그 번호를 쓰세요. 79~80번

|보기|

①由 ②死 ③信 ④植 ⑤夜 ⑥幸

79 九[ ]一生 80 晝[ ]長川

06 다음 漢字와 뜻이 비슷한 漢字를 골라 그 번호를 쓰세요. 81~82번

81 會 [ ] : ①李 ②合 ③省 ④旗

82 教 [ ] : ①科 ②木 ③訓 ④服

07 다음 漢字와 소리는 같으나 뜻이 다른 漢字를 골라 그 번호를 쓰세요. 83~85번

83 高 [ ] : ①強 ②古 ③角 ④七

84 和 [ ] : ①花 ②計 ③言 ④夏

85 使 [ ] : ①用 ②者 ③四 ④記

08 다음 漢字語의 뜻을 풀이하세요. 86~87번

|보기|

國語 : [나라의 말]

86 心算 : [ ]

87 海里 : [ ]

09 다음 漢字의 색이 다른 획은 몇 번째 쓰는지 |보기|에서 찾아 그 번호를 쓰세요. 88~90번

|보기|

①첫 번째 ②두 번째 ③세 번째
④네 번째 ⑤다섯 번째 ⑥여섯 번째
⑦일곱 번째 ⑧여덟 번째 ⑨아홉 번째

88  ··········· [ ]

89  ··········· [ ]

90  ··········· [ ]

■ 사단법인 한국어문회 601 ■

수험번호 □□□-□□-□□□□ 성명 □□□□□

생년월일 □□□□□□ ※ 주민등록번호 앞 6자리 숫자를 기입하십시오. ※ 성명은 한글로 작성

※ 필기구는 검정색 볼펜만 가능

※ 답안지는 컴퓨터로 처리되므로 구기거나 더럽히지 마시고, 정답 칸 안에만 쓰십시오.
글씨가 채점란으로 들어오면 오답처리가 됩니다.

전국한자능력검정시험 6급 답안지(1) (시험시간:50분)

답안란		채점란		답안란		채점란		답안란		채점란	
번호	정답	1검	2검	번호	정답	1검	2검	번호	정답	1검	2검
1				15				29			
2				16				30			
3				17				31			
4				18				32			
5				19				33			
6				20				34			
7				21				35			
8				22				36			
9				23				37			
10				24				38			
11				25				39			
12				26				40			
13				27				41			
14				28				42			

감독위원	채점위원(1)		채점위원(2)		채점위원(3)	
(서명)	(득점)	(서명)	(득점)	(서명)	(득점)	(서명)

■ ※뒷면으로 이어짐 ■

※ 답안지는 컴퓨터로 처리되므로 구기거나 더럽히지 마시고, 정답 칸 안에만 쓰십시오. 글씨가 채점란으로 들어오면 오답처리가 됩니다.

전국한자능력검정시험 6급 답안지(2)

답안란		채점란		답안란		채점란		답안란		채점란	
번호	정답	1검	2검	번호	정답	1검	2검	번호	정답	1검	2검
43				59				75			
44				60				76			
45				61				77			
46				62				78			
47				63				79			
48				64				80			
49				65				81			
50				66				82			
51				67				83			
52				68				84			
53				69				85			
54				70				86			
55				71				87			
56				72				88			
57				73				89			
58				74				90			

사단법인 한국어문회 601

수험번호 □□□-□□-□□□□ 성명 □□□□□

생년월일 □□□□□□ ※ 주민등록번호 앞 6자리 숫자를 기입하십시오. ※성명은 한글로 작성

※ 필기구는 검정색 볼펜만 가능

※ 답안지는 컴퓨터로 처리되므로 구기거나 더럽히지 마시고, 정답 칸 안에만 쓰십시오. 글씨가 채점란으로 들어오면 오답처리가 됩니다.

전국한자능력검정시험 6급 답안지(1) (시험시간:50분)

답안란		채점란		답안란		채점란		답안란		채점란	
번호	정답	1검	2검	번호	정답	1검	2검	번호	정답	1검	2검
1				15				29			
2				16				30			
3				17				31			
4				18				32			
5				19				33			
6				20				34			
7				21				35			
8				22				36			
9				23				37			
10				24				38			
11				25				39			
12				26				40			
13				27				41			
14				28				42			

감독위원	채점위원(1)		채점위원(2)		채점위원(3)	
(서명)	(득점)	(서명)	(득점)	(서명)	(득점)	(서명)

※뒷면으로 이어짐

※ 답안지는 컴퓨터로 처리되므로 구기거나 더럽히지 마시고, 정답 칸 안에만 쓰십시오. 글씨가 채점란으로 들어오면 오답처리가 됩니다.

전국한자능력검정시험 6급 답안지(2)

답안란		채점란		답안란		채점란		답안란		채점란	
번호	정답	1검	2검	번호	정답	1검	2검	번호	정답	1검	2검
43				59				75			
44				60				76			
45				61				77			
46				62				78			
47				63				79			
48				64				80			
49				65				81			
50				66				82			
51				67				83			
52				68				84			
53				69				85			
54				70				86			
55				71				87			
56				72				88			
57				73				89			
58				74				90			

■ 사단법인 한국어문회 601 ■

수험번호 ☐☐☐-☐☐-☐☐☐☐ 성명 ☐☐☐☐☐

생년월일 ☐☐☐☐☐☐ ※ 주민등록번호 앞 6자리 숫자를 기입하십시오. ※ 성명은 한글로 작성
※ 필기구는 검정색 볼펜만 가능

※ 답안지는 컴퓨터로 처리되므로 구기거나 더럽히지 마시고, 정답 칸 안에만 쓰십시오.
글씨가 채점란으로 들어오면 오답처리가 됩니다.

전국한자능력검정시험 6급 답안지(1) (시험시간:50분)

답안란		채점란		답안란		채점란		답안란		채점란	
번호	정답	1검	2검	번호	정답	1검	2검	번호	정답	1검	2검
1				15				29			
2				16				30			
3				17				31			
4				18				32			
5				19				33			
6				20				34			
7				21				35			
8				22				36			
9				23				37			
10				24				38			
11				25				39			
12				26				40			
13				27				41			
14				28				42			

감독위원	채점위원(1)		채점위원(2)		채점위원(3)	
(서명)	(득점)	(서명)	(득점)	(서명)	(득점)	(서명)

■ ※뒷면으로 이어짐 ■

■ 사단법인 한국어문회 602 ■

※ 답안지는 컴퓨터로 처리되므로 구기거나 더럽히지 마시고, 정답 칸 안에만 쓰십시오. 글씨가 채점란으로 들어오면 오답처리가 됩니다.

전국한자능력검정시험 6급 답안지(2)

답안란		채점란		답안란		채점란		답안란		채점란	
번호	정답	1검	2검	번호	정답	1검	2검	번호	정답	1검	2검
43				59				75			
44				60				76			
45				61				77			
46				62				78			
47				63				79			
48				64				80			
49				65				81			
50				66				82			
51				67				83			
52				68				84			
53				69				85			
54				70				86			
55				71				87			
56				72				88			
57				73				89			
58				74				90			

사단법인 한국어문회 601

수험번호 □□□-□□-□□□□□ 성명 □□□□□

생년월일 □□□□□□ ※ 주민등록번호 앞 6자리 숫자를 기입하십시오. ※ 성명은 한글로 작성 ※ 필기구는 검정색 볼펜만 가능

※ 답안지는 컴퓨터로 처리되므로 구기거나 더럽히지 마시고, 정답 칸 안에만 쓰십시오.
글씨가 채점란으로 들어오면 오답처리가 됩니다.

전국한자능력검정시험 6급 답안지(1) (시험시간:50분)

답안란		채점란		답안란		채점란		답안란		채점란	
번호	정답	1검	2검	번호	정답	1검	2검	번호	정답	1검	2검
1				15				29			
2				16				30			
3				17				31			
4				18				32			
5				19				33			
6				20				34			
7				21				35			
8				22				36			
9				23				37			
10				24				38			
11				25				39			
12				26				40			
13				27				41			
14				28				42			

감독위원	채점위원(1)		채점위원(2)		채점위원(3)	
(서명)	(득점)	(서명)	(득점)	(서명)	(득점)	(서명)

※뒷면으로 이어짐

※ 답안지는 컴퓨터로 처리되므로 구기거나 더럽히지 마시고, 정답 칸 안에만 쓰십시오. 글씨가 채점란으로 들어오면 오답처리가 됩니다.

전국한자능력검정시험 6급 답안지(2)

답안란		채점란		답안란		채점란		답안란		채점란	
번호	정답	1검	2검	번호	정답	1검	2검	번호	정답	1검	2검
43				59				75			
44				60				76			
45				61				77			
46				62				78			
47				63				79			
48				64				80			
49				65				81			
50				66				82			
51				67				83			
52				68				84			
53				69				85			
54				70				86			
55				71				87			
56				72				88			
57				73				89			
58				74				90			

■ 사단법인 한국어문회 601 ■

수험번호 □□□-□□-□□□□ 성명 □□□□□

생년월일 □□□□□□ ※ 주민등록번호 앞 6자리 숫자를 기입하십시오. ※ 성명은 한글로 작성

※ 필기구는 검정색 볼펜만 가능

※ 답안지는 컴퓨터로 처리되므로 구기거나 더럽히지 마시고, 정답 칸 안에만 쓰십시오.
글씨가 채점란으로 들어오면 오답처리가 됩니다.

전국한자능력검정시험 6급 답안지(1) (시험시간:50분)

답안란		채점란		답안란		채점란		답안란		채점란	
번호	정답	1검	2검	번호	정답	1검	2검	번호	정답	1검	2검
1				15				29			
2				16				30			
3				17				31			
4				18				32			
5				19				33			
6				20				34			
7				21				35			
8				22				36			
9				23				37			
10				24				38			
11				25				39			
12				26				40			
13				27				41			
14				28				42			

감독위원	채점위원(1)		채점위원(2)		채점위원(3)	
(서명)	(득점)	(서명)	(득점)	(서명)	(득점)	(서명)

※뒷면으로 이어짐

※ 답안지는 컴퓨터로 처리되므로 구기거나 더럽히지 마시고, 정답 칸 안에만 쓰십시오. 글씨가 채점란으로 들어오면 오답처리가 됩니다.

전국한자능력검정시험 6급 답안지(2)

답안란		채점란		답안란		채점란		답안란		채점란	
번호	정답	1검	2검	번호	정답	1검	2검	번호	정답	1검	2검
43				59				75			
44				60				76			
45				61				77			
46				62				78			
47				63				79			
48				64				80			
49				65				81			
50				66				82			
51				67				83			
52				68				84			
53				69				85			
54				70				86			
55				71				87			
56				72				88			
57				73				89			
58				74				90			

■ 사단법인 한국어문회 601 ■

수험번호 □□□-□□-□□□□□ 성명 □□□□□

생년월일 □□□□□□ ※ 주민등록번호 앞 6자리 숫자를 기입하십시오. ※ 성명은 한글로 작성

※ 필기구는 검정색 볼펜만 가능

※ 답안지는 컴퓨터로 처리되므로 구기거나 더럽히지 마시고, 정답 칸 안에만 쓰십시오.
글씨가 채점란으로 들어오면 오답처리가 됩니다.

전국한자능력검정시험 6급 답안지(1) (시험시간:50분)

답안란		채점란		답안란		채점란		답안란		채점란	
번호	정답	1검	2검	번호	정답	1검	2검	번호	정답	1검	2검
1				15				29			
2				16				30			
3				17				31			
4				18				32			
5				19				33			
6				20				34			
7				21				35			
8				22				36			
9				23				37			
10				24				38			
11				25				39			
12				26				40			
13				27				41			
14				28				42			

감독위원	채점위원(1)		채점위원(2)		채점위원(3)	
(서명)	(득점)	(서명)	(득점)	(서명)	(득점)	(서명)

※뒷면으로 이어짐

■ 사단법인 한국어문회 602 ■

※ 답안지는 컴퓨터로 처리되므로 구기거나 더럽히지 마시고, 정답 칸 안에만 쓰십시오. 글씨가 채점란으로 들어오면 오답처리가 됩니다.

전국한자능력검정시험 6급 답안지(2)

답안란		채점란		답안란		채점란		답안란		채점란	
번호	정답	1검	2검	번호	정답	1검	2검	번호	정답	1검	2검
43				59				75			
44				60				76			
45				61				77			
46				62				78			
47				63				79			
48				64				80			
49				65				81			
50				66				82			
51				67				83			
52				68				84			
53				69				85			
54				70				86			
55				71				87			
56				72				88			
57				73				89			
58				74				90			

■ ■

■ 사단법인 한국어문회 601 ■

수험번호 □□□-□□-□□□□ 성명 □□□□□

생년월일 □□□□□□ ※ 주민등록번호 앞 6자리 숫자를 기입하십시오. ※ 성명은 한글로 작성
※ 필기구는 검정색 볼펜만 가능

※ 답안지는 컴퓨터로 처리되므로 구기거나 더럽히지 마시고, 정답 칸 안에만 쓰십시오.
글씨가 채점란으로 들어오면 오답처리가 됩니다.

전국한자능력검정시험 6급 답안지(1) (시험시간:50분)

답안란		채점란		답안란		채점란		답안란		채점란	
번호	정답	1검	2검	번호	정답	1검	2검	번호	정답	1검	2검
1				15				29			
2				16				30			
3				17				31			
4				18				32			
5				19				33			
6				20				34			
7				21				35			
8				22				36			
9				23				37			
10				24				38			
11				25				39			
12				26				40			
13				27				41			
14				28				42			

감독위원	채점위원(1)		채점위원(2)		채점위원(3)	
(서명)	(득점)	(서명)	(득점)	(서명)	(득점)	(서명)

※뒷면으로 이어짐

■ 사단법인 한국어문회 602

※ 답안지는 컴퓨터로 처리되므로 구기거나 더럽히지 마시고, 정답 칸 안에만 쓰십시오. 글씨가 채점란으로 들어오면 오답처리가 됩니다.

전국한자능력검정시험 6급 답안지(2)

답안란		채점란		답안란		채점란		답안란		채점란	
번호	정답	1검	2검	번호	정답	1검	2검	번호	정답	1검	2검
43				59				75			
44				60				76			
45				61				77			
46				62				78			
47				63				79			
48				64				80			
49				65				81			
50				66				82			
51				67				83			
52				68				84			
53				69				85			
54				70				86			
55				71				87			
56				72				88			
57				73				89			
58				74				90			

■ 사단법인 한국어문회 601 ■

수험번호 □□□-□□-□□□□ 성명 □□□□□

생년월일 □□□□□□ ※ 주민등록번호 앞 6자리 숫자를 기입하십시오. ※성명은 한글로 작성

※ 필기구는 검정색 볼펜만 가능

※ 답안지는 컴퓨터로 처리되므로 구기거나 더럽히지 마시고, 정답 칸 안에만 쓰십시오.
글씨가 채점란으로 들어오면 오답처리가 됩니다.

전국한자능력검정시험 6급 답안지(1) (시험시간:50분)

답안란		채점란		답안란		채점란		답안란		채점란	
번호	정답	1검	2검	번호	정답	1검	2검	번호	정답	1검	2검
1				15				29			
2				16				30			
3				17				31			
4				18				32			
5				19				33			
6				20				34			
7				21				35			
8				22				36			
9				23				37			
10				24				38			
11				25				39			
12				26				40			
13				27				41			
14				28				42			

감독위원	채점위원(1)		채점위원(2)		채점위원(3)	
(서명)	(득점)	(서명)	(득점)	(서명)	(득점)	(서명)

■ ※뒷면으로 이어짐 ■

※ 답안지는 컴퓨터로 처리되므로 구기거나 더럽히지 마시고, 정답 칸 안에만 쓰십시오. 글씨가 채점란으로 들어오면 오답처리가 됩니다.

전국한자능력검정시험 6급 답안지(2)

답안란		채점란		답안란		채점란		답안란		채점란	
번호	정답	1검	2검	번호	정답	1검	2검	번호	정답	1검	2검
43				59				75			
44				60				76			
45				61				77			
46				62				78			
47				63				79			
48				64				80			
49				65				81			
50				66				82			
51				67				83			
52				68				84			
53				69				85			
54				70				86			
55				71				87			
56				72				88			
57				73				89			
58				74				90			

■ 사단법인 한국어문회 601 ■

수험번호 □□□-□□-□□□□□ 성명 □□□□□

생년월일 □□□□□□ ※ 주민등록번호 앞 6자리 숫자를 기입하십시오. ※성명은 한글로 작성

※필기구는 검정색 볼펜만 가능

※ 답안지는 컴퓨터로 처리되므로 구기거나 더럽히지 마시고, 정답 칸 안에만 쓰십시오. 글씨가 채점란으로 들어오면 오답처리가 됩니다.

전국한자능력검정시험 6급 답안지(1) (시험시간:50분)

답안란		채점란		답안란		채점란		답안란		채점란	
번호	정답	1검	2검	번호	정답	1검	2검	번호	정답	1검	2검
1				15				29			
2				16				30			
3				17				31			
4				18				32			
5				19				33			
6				20				34			
7				21				35			
8				22				36			
9				23				37			
10				24				38			
11				25				39			
12				26				40			
13				27				41			
14				28				42			

감독위원	채점위원(1)		채점위원(2)		채점위원(3)	
(서명)	(득점)	(서명)	(득점)	(서명)	(득점)	(서명)

■ ※뒷면으로 이어짐 ■

■ 사단법인 한국어문회 602 ■

※ 답안지는 컴퓨터로 처리되므로 구기거나 더럽히지 마시고, 정답 칸 안에만 쓰십시오. 글씨가 채점란으로 들어오면 오답처리가 됩니다.

전국한자능력검정시험 6급 답안지(2)

답안란		채점란		답안란		채점란		답안란		채점란	
번호	정답	1검	2검	번호	정답	1검	2검	번호	정답	1검	2검
43				59				75			
44				60				76			
45				61				77			
46				62				78			
47				63				79			
48				64				80			
49				65				81			
50				66				82			
51				67				83			
52				68				84			
53				69				85			
54				70				86			
55				71				87			
56				72				88			
57				73				89			
58				74				90			

■ ■

■ 사단법인 한국어문회 601 ■

수험번호 □□□-□□-□□□□□ 성명 □□□□□

생년월일 □□□□□□ ※ 주민등록번호 앞 6자리 숫자를 기입하십시오. ※ 성명은 한글로 작성
※ 필기구는 검정색 볼펜만 가능

※ 답안지는 컴퓨터로 처리되므로 구기거나 더럽히지 마시고, 정답 칸 안에만 쓰십시오.
글씨가 채점란으로 들어오면 오답처리가 됩니다.

전국한자능력검정시험 6급 답안지(1) (시험시간:50분)

답안란		채점란		답안란		채점란		답안란		채점란	
번호	정답	1검	2검	번호	정답	1검	2검	번호	정답	1검	2검
1				15				29			
2				16				30			
3				17				31			
4				18				32			
5				19				33			
6				20				34			
7				21				35			
8				22				36			
9				23				37			
10				24				38			
11				25				39			
12				26				40			
13				27				41			
14				28				42			

감독위원	채점위원(1)		채점위원(2)		채점위원(3)	
(서명)	(득점)	(서명)	(득점)	(서명)	(득점)	(서명)

■ ※뒷면으로 이어짐 ■

■ 사단법인 한국어문회 602 ■

※ 답안지는 컴퓨터로 처리되므로 구기거나 더럽히지 마시고, 정답 칸 안에만 쓰십시오. 글씨가 채점란으로 들어오면 오답처리가 됩니다.

전국한자능력검정시험 6급 답안지(2)

답안란		채점란		답안란		채점란		답안란		채점란	
번호	정답	1검	2검	번호	정답	1검	2검	번호	정답	1검	2검
43				59				75			
44				60				76			
45				61				77			
46				62				78			
47				63				79			
48				64				80			
49				65				81			
50				66				82			
51				67				83			
52				68				84			
53				69				85			
54				70				86			
55				71				87			
56				72				88			
57				73				89			
58				74				90			

■ ■

■ 사단법인 한국어문회 601 ■

수험번호 □□□-□□-□□□□□ 성명 □□□□□

생년월일 □□□□□□ ※ 주민등록번호 앞 6자리 숫자를 기입하십시오. ※성명은 한글로 작성 ※필기구는 검정색 볼펜만 가능

※ 답안지는 컴퓨터로 처리되므로 구기거나 더럽히지 마시고, 정답 칸 안에만 쓰십시오.
글씨가 채점란으로 들어오면 오답처리가 됩니다.

전국한자능력검정시험 6급 답안지(1) (시험시간:50분)

답안란		채점란		답안란		채점란		답안란		채점란	
번호	정답	1검	2검	번호	정답	1검	2검	번호	정답	1검	2검
1				15				29			
2				16				30			
3				17				31			
4				18				32			
5				19				33			
6				20				34			
7				21				35			
8				22				36			
9				23				37			
10				24				38			
11				25				39			
12				26				40			
13				27				41			
14				28				42			

감독위원	채점위원(1)		채점위원(2)		채점위원(3)	
(서명)	(득점)	(서명)	(득점)	(서명)	(득점)	(서명)

■ ※뒷면으로 이어짐 ■

※ 답안지는 컴퓨터로 처리되므로 구기거나 더럽히지 마시고, 정답 칸 안에만 쓰십시오. 글씨가 채점란으로 들어오면 오답처리가 됩니다.

전국한자능력검정시험 6급 답안지(2)

답안란		채점란		답안란		채점란		답안란		채점란	
번호	정답	1검	2검	번호	정답	1검	2검	번호	정답	1검	2검
43				59				75			
44				60				76			
45				61				77			
46				62				78			
47				63				79			
48				64				80			
49				65				81			
50				66				82			
51				67				83			
52				68				84			
53				69				85			
54				70				86			
55				71				87			
56				72				88			
57				73				89			
58				74				90			

■ 사단법인 한국어문회 601 ■

수험번호 □□□-□□-□□□□□ 성명 □□□□□

생년월일 □□□□□□ ※ 주민등록번호 앞 6자리 숫자를 기입하십시오. ※ 성명은 한글로 작성
※ 필기구는 검정색 볼펜만 가능

※ 답안지는 컴퓨터로 처리되므로 구기거나 더럽히지 마시고, 정답 칸 안에만 쓰십시오.
글씨가 채점란으로 들어오면 오답처리가 됩니다.

전국한자능력검정시험 6급 답안지(1) (시험시간:50분)

답안란		채점란		답안란		채점란		답안란		채점란	
번호	정답	1검	2검	번호	정답	1검	2검	번호	정답	1검	2검
1				15				29			
2				16				30			
3				17				31			
4				18				32			
5				19				33			
6				20				34			
7				21				35			
8				22				36			
9				23				37			
10				24				38			
11				25				39			
12				26				40			
13				27				41			
14				28				42			

감독위원	채점위원(1)		채점위원(2)		채점위원(3)	
(서명)	(득점)	(서명)	(득점)	(서명)	(득점)	(서명)

※뒷면으로 이어짐

■ 사단법인 한국어문회 602 ■

※ 답안지는 컴퓨터로 처리되므로 구기거나 더럽히지 마시고, 정답 칸 안에만 쓰십시오. 글씨가 채점란으로 들어오면 오답처리가 됩니다.

전국한자능력검정시험 6급 답안지(2)

답안란		채점란		답안란		채점란		답안란		채점란	
번호	정답	1검	2검	번호	정답	1검	2검	번호	정답	1검	2검
43				59				75			
44				60				76			
45				61				77			
46				62				78			
47				63				79			
48				64				80			
49				65				81			
50				66				82			
51				67				83			
52				68				84			
53				69				85			
54				70				86			
55				71				87			
56				72				88			
57				73				89			
58				74				90			

■ ■

사단법인 한국어문회 601

수험번호 □□□-□□-□□□□□ 성명 □□□□□

생년월일 □□□□□□ ※ 주민등록번호 앞 6자리 숫자를 기입하십시오. ※성명은 한글로 작성

※ 필기구는 검정색 볼펜만 가능

※ 답안지는 컴퓨터로 처리되므로 구기거나 더럽히지 마시고, 정답 칸 안에만 쓰십시오. 글씨가 채점란으로 들어오면 오답처리가 됩니다.

전국한자능력검정시험 6급 답안지(1) (시험시간:50분)

답안란		채점란		답안란		채점란		답안란		채점란	
번호	정답	1검	2검	번호	정답	1검	2검	번호	정답	1검	2검
1				15				29			
2				16				30			
3				17				31			
4				18				32			
5				19				33			
6				20				34			
7				21				35			
8				22				36			
9				23				37			
10				24				38			
11				25				39			
12				26				40			
13				27				41			
14				28				42			

감독위원	채점위원(1)		채점위원(2)		채점위원(3)	
(서명)	(득점)	(서명)	(득점)	(서명)	(득점)	(서명)

※뒷면으로 이어짐

※ 답안지는 컴퓨터로 처리되므로 구기거나 더럽히지 마시고, 정답 칸 안에만 쓰십시오. 글씨가 채점란으로 들어오면 오답처리가 됩니다.

전국한자능력검정시험 6급 답안지(2)

답안란		채점란		답안란		채점란		답안란		채점란	
번호	정답	1검	2검	번호	정답	1검	2검	번호	정답	1검	2검
43				59				75			
44				60				76			
45				61				77			
46				62				78			
47				63				79			
48				64				80			
49				65				81			
50				66				82			
51				67				83			
52				68				84			
53				69				85			
54				70				86			
55				71				87			
56				72				88			
57				73				89			
58				74				90			

사단법인 한국어문회 601

수험번호 □□□-□□-□□□□ 성명 □□□□□

생년월일 □□□□□□ ※ 주민등록번호 앞 6자리 숫자를 기입하십시오. ※성명은 한글로 작성

※ 필기구는 검정색 볼펜만 가능

※ 답안지는 컴퓨터로 처리되므로 구기거나 더럽히지 마시고, 정답 칸 안에만 쓰십시오.
글씨가 채점란으로 들어오면 오답처리가 됩니다.

전국한자능력검정시험 6급 답안지(1) (시험시간:50분)

답안란		채점란		답안란		채점란		답안란		채점란	
번호	정답	1검	2검	번호	정답	1검	2검	번호	정답	1검	2검
1				15				29			
2				16				30			
3				17				31			
4				18				32			
5				19				33			
6				20				34			
7				21				35			
8				22				36			
9				23				37			
10				24				38			
11				25				39			
12				26				40			
13				27				41			
14				28				42			

감독위원	채점위원(1)		채점위원(2)		채점위원(3)	
(서명)	(득점)	(서명)	(득점)	(서명)	(득점)	(서명)

※뒷면으로 이어짐

■ 사단법인 한국어문회 602 ■

※ 답안지는 컴퓨터로 처리되므로 구기거나 더럽히지 마시고, 정답 칸 안에만 쓰십시오. 글씨가 채점란으로 들어오면 오답처리가 됩니다.

전국한자능력검정시험 6급 답안지(2)

답안란		채점란		답안란		채점란		답안란		채점란	
번호	정답	1검	2검	번호	정답	1검	2검	번호	정답	1검	2검
43				59				75			
44				60				76			
45				61				77			
46				62				78			
47				63				79			
48				64				80			
49				65				81			
50				66				82			
51				67				83			
52				68				84			
53				69				85			
54				70				86			
55				71				87			
56				72				88			
57				73				89			
58				74				90			

■ 사단법인 한국어문회 601 ■

수험번호 □□□-□□-□□□□□ 성명 □□□□□

생년월일 □□□□□□ ※ 주민등록번호 앞 6자리 숫자를 기입하십시오. ※성명은 한글로 작성

※필기구는 검정색 볼펜만 가능

※ 답안지는 컴퓨터로 처리되므로 구기거나 더럽히지 마시고, 정답 칸 안에만 쓰십시오.
글씨가 채점란으로 들어오면 오답처리가 됩니다.

전국한자능력검정시험 6급 답안지(1) (시험시간:50분)

답안란		채점란		답안란		채점란		답안란		채점란	
번호	정답	1검	2검	번호	정답	1검	2검	번호	정답	1검	2검
1				15				29			
2				16				30			
3				17				31			
4				18				32			
5				19				33			
6				20				34			
7				21				35			
8				22				36			
9				23				37			
10				24				38			
11				25				39			
12				26				40			
13				27				41			
14				28				42			

감독위원	채점위원(1)		채점위원(2)		채점위원(3)	
(서명)	(득점)	(서명)	(득점)	(서명)	(득점)	(서명)

■ ※뒷면으로 이어짐 ■

■ 사단법인 한국어문회 602

※ 답안지는 컴퓨터로 처리되므로 구기거나 더럽히지 마시고, 정답 칸 안에만 쓰십시오. 글씨가 채점란으로 들어오면 오답처리가 됩니다.

전국한자능력검정시험 6급 답안지(2)

답안란		채점란		답안란		채점란		답안란		채점란	
번호	정답	1검	2검	번호	정답	1검	2검	번호	정답	1검	2검
43				59				75			
44				60				76			
45				61				77			
46				62				78			
47				63				79			
48				64				80			
49				65				81			
50				66				82			
51				67				83			
52				68				84			
53				69				85			
54				70				86			
55				71				87			
56				72				88			
57				73				89			
58				74				90			

■ 사단법인 한국어문회 601 ■

수험번호 □□□-□□-□□□□□ 성명 □□□□□

생년월일 □□□□□□ ※ 주민등록번호 앞 6자리 숫자를 기입하십시오. ※성명은 한글로 작성
※ 필기구는 검정색 볼펜만 가능

※ 답안지는 컴퓨터로 처리되므로 구기거나 더럽히지 마시고, 정답 칸 안에만 쓰십시오.
글씨가 채점란으로 들어오면 오답처리가 됩니다.

전국한자능력검정시험 6급 답안지(1) (시험시간:50분)

답안란		채점란		답안란		채점란		답안란		채점란	
번호	정답	1검	2검	번호	정답	1검	2검	번호	정답	1검	2검
1				15				29			
2				16				30			
3				17				31			
4				18				32			
5				19				33			
6				20				34			
7				21				35			
8				22				36			
9				23				37			
10				24				38			
11				25				39			
12				26				40			
13				27				41			
14				28				42			

감독위원	채점위원(1)		채점위원(2)		채점위원(3)	
(서명)	(득점)	(서명)	(득점)	(서명)	(득점)	(서명)

※뒷면으로 이어짐

※ 답안지는 컴퓨터로 처리되므로 구기거나 더럽히지 마시고, 정답 칸 안에만 쓰십시오. 글씨가 채점란으로 들어오면 오답처리가 됩니다.

전국한자능력검정시험 6급 답안지(2)

답안란		채점란		답안란		채점란		답안란		채점란	
번호	정답	1검	2검	번호	정답	1검	2검	번호	정답	1검	2검
43				59				75			
44				60				76			
45				61				77			
46				62				78			
47				63				79			
48				64				80			
49				65				81			
50				66				82			
51				67				83			
52				68				84			
53				69				85			
54				70				86			
55				71				87			
56				72				88			
57				73				89			
58				74				90			

(사) 한국어문회 주관

한자능력 검정시험

기출 · 예상문제 6급

1회 ~ 5회

정답과 해설은 152 ~ 159쪽에 있습니다.

01회 한자능력검정시험 6급 기출·예상문제

(사) 한국어문회 주관	
합격문항	63문항
시험시간	50분
정 답	152쪽

01 다음 밑줄 친 漢字語의 讀音을 쓰세요.

01~33번

| 보기 |

漢字 → [한자]

01 새집에 입주하던 때가 생각나 萬感이 교차했다. ·················· [ ]

02 선거에서 代理 투표를 인정하지 않기로 했다. ························ [ ]

03 둥근 달이 오르자 매화가지가 東窓에 그림을 그렸다. ··········· [ ]

04 바다가 내려다보이는 곳에 작은 집과 庭園이 있다. ·········· [ ]

05 어려운 형제들을 위해 各界에서 온정이 쏟아졌다. ················ [ ]

06 전화를 통해 口頭 약속을 하였다. ································ [ ]

07 할아버지께서는 몇 달을 病席에서 신음하며 보냈다. ··········· [ ]

08 많은 업적을 이뤄낸 지도자의 先例를 찾아보기로 했다. ···· [ ]

09 공주는 일찍 일어나 禮服을 갖추어 입었다. ································ [ ]

10 삼한사온 현상은 한국에서 겨울 기후의 特色 중 하나이다. ·· [ ]

11 찬성, 반대와 무효표의 수를 集計하여 발표하였다. ············ [ ]

12 군사들은 적에 맞서 死力을 다해 싸웠다. ································ [ ]

13 그곳의 풍경은 시시각각 변하여 每番 다른 감동을 준다. ······· [ ]

14 배터리의 急速 충전이 가능하다. ································ [ ]

15 원시산림은 자연 本然의 모습이었다. ································ [ ]

16 괄호 안에 한자를 넣어 학습하는데 便利하도록 하였다. ······· [ ]

17 대문 왼쪽에 사랑채가 南向으로 자리 잡고 있다. ················ [ ]

18 매일매일 活氣를 띠는 상설 시장이 열린다. ································ [ ]

19 높고 낮은 등수에 따라서 일정 等級을 나타냈다. ················ [ ]

20 다양한 자료를 검색할 수 있도록 정보를 公開하였다. ·········· [ ]

21 목재는 건축·가구·악기·연료 등 그 用度가 매우 다양하다. ································ [ ]

22 일정 기간 동안의 급여를 現金으로 받기로 하였다. ·············· [ ]

23 신문은 일반 대중을 讀者로 삼는다. ································ [ ]

24 마라도는 한반도의 끝이자 始作을 알리는 섬이다. ··················· [ ]

25 대원들은 苦樂을 함께하며 말할 수 없는 정이 들었다. ·········· [ ]

26 전쟁으로 많은 문화재가 消失되었다. ································ [ ]

27 선사시대부터 다양한 美術 문화가 전개되었다. ………………… [ ]

28 석가탑과 다보탑이 서로 和答하듯 마주 보고 서 있다. ……… [ ]

29 일본은 지난날의 잘못을 反省하지 않고 있다. …………………… [ ]

30 식물에서 물관은 물과 무기 양분이 이동하는 通路이다. …… [ ]

31 강 한복판에 이르렀을 때 갑자기 強風이 불었다. ………………… [ ]

32 해류의 영향으로 영동 지방은 2월에 大雪이 내리기도 한다. … [ ]

33 젊은이들은 침략자에 맞서 祖國을 지키는 전쟁에 나섰다. … [ ]

02 다음 漢字의 訓과 音을 쓰세요. 34~55번

| 보기 |

字 → [글자 자]

34 勝 [ ]	35 在 [ ]
36 放 [ ]	37 春 [ ]
38 登 [ ]	39 根 [ ]
40 夫 [ ]	41 夏 [ ]
42 立 [ ]	43 球 [ ]
44 飮 [ ]	45 信 [ ]
46 花 [ ]	47 成 [ ]
48 手 [ ]	49 由 [ ]
50 重 [ ]	51 勇 [ ]
52 意 [ ]	53 直 [ ]
54 野 [ ]	55 聞 [ ]

03 다음 밑줄 친 漢字語를 漢字로 쓰세요. 56~75번

| 보기 |

한자 → [漢字]

56 아이들에게 일찍부터 **전화** 예절을 가르치는 것이 좋다. …… [ ]

57 토끼는 용왕을 속이고 간을 가지러 **세상**으로 다시 나왔다. ·· [ ]

58 마침 도착한 날이 **휴일**이라 문을 닫은 가게가 많았다. ………… [ ]

59 산악 구조를 위해 헬기를 타고 긴급 **출동**하였다. ………………… [ ]

60 온달은 나라에서 모르는 이가 없을 정도로 **명물**이었다. …… [ ]

61 책 맨 뒤에 지은이의 간략한 **후기**가 있었다. ……………………………… [ ]

62 새학기를 맞아 교육에 대한 **연간** 계획을 발표하였다. ………… [ ]

63 농어민들을 위한 **평생** 교육 프로그램을 운영하였다. ………… [ ]

64 자연 속에서 **자족**하는 인간의 모습을 묘사하였다. ………………… [ ]

65 윗쪽 **공백**에 노래 가사를 적었다. ……………………………… [ ]

66 훈민정음은 어린 **백성**을 위하여 만든 문자이다. …………………… [ ]

67 그는 지금의 생활에 **안주**하는 모습이었다. ……………………………… [ ]

68 조선시대 **왕실**의 행사를 기록한 그림이 전시되었다. ………… [ ]

69 대학을 졸업한 누나들이 **모교**를 방문하였다. …………………… [ ]

70 우리나라는 **삼면**이 바다로 둘러 싸여 있다. …………………………… [ ]

71 개막식에서 남북의 선수들이 동시에 **입장**하였다. ………………… [ ]

72 우리 고장은 예로부터 **교육**을 중시하였다. …………………………… [ ]

73 매일 **오전** 7시에 약수터에 가서 물을 길어온다. ………………… [ ]

74 오늘은 일 년 중 가장 큰 보름달이 뜨는 **추석** 명절이다. …… [ ]

75 연극에서 배우가 머리에 놓인 사과를 화살로 **명중**시켰다. … [ ]

04 다음 漢字의 반대 또는 상대되는 글자를 골라 그 번호를 쓰세요. 76~78번

76 [ ] ↔ 合 : ① 注 ② 分 ③ 弱 ④ 米

77 [ ] ↔ 近 : ① 村 ② 半 ③ 使 ④ 遠

78 [ ] ↔ 今 : ① 昨 ② 藥 ③ 朝 ④ 青

05 다음 [ ]에 알맞은 漢字를 |보기|에서 찾아 그 번호를 쓰세요. 79~81번

|보기|

① 發 ② 綠 ③ 圖 ④ 別 ⑤ 方 ⑥ 草

79 行[ ]不明 : 간 곳이나 방향을 모름. …………………………… [ ]

80 [ ]有天地 : 별세계, 딴 세상. …………………………… [ ]

81 同時多[ ] : 연이어 일이 발생함. …………………………… [ ]

06 다음 漢字와 뜻이 비슷한 漢字를 골라 그 번호를 쓰세요. 82~83번

82 身 : ① 幸 ② 孝 ③ 體 ④ 習 … [ ]

83 目 : ① 科 ② 親 ③ 會 ④ 數 … [ ]

07 다음 중 소리(音)는 같으나 뜻(訓)이 다른 漢字를 골라 그 번호를 쓰세요. 84~85번

84 陽 : ① 長 ② 算 ③ 洋 ④ 表 … [ ]

85 形 : ① 戰 ② 第 ③ 區 ④ 兄 … [ ]

08 다음 漢字語의 뜻을 풀이하세요. 86~87번

86 童心 : [ ]

87 植樹 : [ ]

09 다음 漢字의 색이 다른 획은 몇 번째 쓰는지 |보기|에서 찾아 그 번호를 쓰세요. 88~90번

|보기|

① 첫 번째	② 두 번째	③ 세 번째
④ 네 번째	⑤ 다섯 번째	⑥ 여섯 번째
⑦ 일곱 번째	⑧ 여덟 번째	⑨ 아홉 번째
⑩ 열 번째	⑪ 열한 번째	⑫ 열두 번째

88 所 ………… [ ]

89 食 ………… [ ]

90 弟 ………… [ ]

02회 한자능력검정시험 6급 기출·예상문제

(사) 한국어문회 주관	
합격문항	63문항
시험시간	50분
정 답	153쪽

01 다음 밑줄 친 漢字語의 讀音을 쓰세요.

01~33번

| 보기 |

漢字 → [한자]

01 고국에 勝戰 소식을 전하였다. .... [ ]

02 자신의 所信대로 밀고 나갔다. .... [ ]

03 아침에는 가벼운 食事를 한다. .... [ ]

04 인공위성은 地球 표면의 상태를 관측하였다. .... [ ]

05 형은 입대하기 위해 身體검사를 받았다. .... [ ]

06 창문을 열어 방 안의 溫度를 조절했다. .... [ ]

07 부모들은 자식 걱정에 便安할 날이 없다. .... [ ]

08 제비들이 電線 위에 앉아서 노래를 한다. .... [ ]

09 어머니는 同窓 모임에 나가셨다. .... [ ]

10 불사조는 이집트 神話에 나오는 새이다. .... [ ]

11 왕명을 받은 使者는 급히 외국으로 떠났다. .... [ ]

12 차들이 注油하기 위해 늘어서 있다. .... [ ]

13 그의 투지는 축구팬들의 感動을 자아냈다. .... [ ]

14 자동차 工場을 견학하였다. .... [ ]

15 식물 중에는 뿌리나 열매의 씨앗을 藥用하는 것이 많다. .... [ ]

16 세계의 여러 民族은 다양한 문화 속에서 살아가고 있다. .... [ ]

17 기원은 연대를 計算하는 데에 기준이 되는 해이다. .... [ ]

18 시간이 지날수록 新綠은 푸르러만 갔다. .... [ ]

19 평소에 親愛하던 분을 만나게 되어 반가웠다. .... [ ]

20 끊임없는 노력으로 지금과 같은 成功을 이루었다. .... [ ]

21 야산을 택지로 開發하였다. .... [ ]

22 가원이는 어려서부터 英才교육을 받았다. .... [ ]

23 민후는 열심히 공부하더니 醫科대학에 합격했다. .... [ ]

24 마음을 거듭 다잡으며 勇氣를 내었다. .... [ ]

25 단풍 구경을 하기 위해 登山을 하였다. .... [ ]

26 부인과 死別한 슬픔을 이야기하였다. .... [ ]

27 생전에 받을 業苦를 지고 살겠다는 다짐을 하였다. ………………… [ ]

28 그는 朝夕으로 부모님께 문안 인사를 드린다. ………………… [ ]

29 주어진 書式에 따라 보고서를 작성하였다. ………………………… [ ]

30 두 사람은 永遠히 함께 하자고 맹세하였다. ………………………… [ ]

31 나무그늘에서 뜨겁게 내리쬐는 太陽을 피하였다. …………… [ ]

32 고속열차는 時速 300km로 달렸다. ………………………… [ ]

33 형은 대학에서 物理를 전공하였다. ………………………… [ ]

02 다음 漢字의 訓과 音을 쓰세요. 34~55번

| 보기 |

字 → [글자 자]

34 和 [ ] 35 植 [ ]
36 聞 [ ] 37 意 [ ]
38 形 [ ] 39 始 [ ]
40 放 [ ] 41 班 [ ]
42 向 [ ] 43 號 [ ]
44 幸 [ ] 45 雪 [ ]
46 特 [ ] 47 飮 [ ]
48 急 [ ] 49 然 [ ]
50 現 [ ] 51 角 [ ]
52 失 [ ] 53 郡 [ ]
54 作 [ ] 55 由 [ ]

03 다음 밑줄 친 漢字語를 漢字로 쓰세요. 56~75번

| 보기 |

한국 → [韓國]

56 일하는 중간에 잠시 휴식을 하였다. ………………………… [ ]

57 몸 상태의 자가 진단 방법을 배웠다. ………………………… [ ]

58 형제는 강촌에서 자연과 더불어 살아갔다. ………………………… [ ]

59 그는 세상 물정을 너무도 몰랐다. ………………………… [ ]

60 대통령은 국가의 중대한 일을 결정한다. ………………………… [ ]

61 두 사람은 같은 동리에 살았다. ………………………… [ ]

62 의견이 좌우로 갈렸다. ………………………… [ ]

63 적의 도발에 우리 해군은 군함을 출동시켰다. ………………… [ ]

64 수수께끼의 정답은 알고 나면 너무 쉽다. ………………………… [ ]

65 가랑비가 오전 내내 내렸다. ………………………… [ ]

66 우리 고을의 인구가 백만 명을 넘었다. ………………………… [ ]

67 체력을 기르기 위해 매일 운동을 한다. ………………………… [ ]

68 올해를 마무리하며 내년을 준비하였다. ………………………… [ ]

69 그는 남의 수족 노릇을 하였다. ………………………… [ ]

70 전망대에 오르면 **시내** 전경이 한눈에 들어온다. ………………… [ ]

71 정원에 갖가지 **화초**를 심었다. ………………… [ ]

72 미어캣은 **직립** 자세로 보초를 선다. ………………… [ ]

73 아버지는 **조모**를 업고 산에 올랐다. ………………… [ ]

74 친구 아버님의 **춘추**를 여쭈어 보았다. ………………… [ ]

75 강물은 부드러운 **청색**으로 물들었다. ………………… [ ]

04 다음 漢字와 뜻이 반대 또는 상대되는 글자를 골라 그 번호를 쓰세요. 76~78번

76 出 [ ] : ① 住 ② 席 ③ 半 ④ 入

77 童 [ ] : ① 本 ② 小 ③ 老 ④ 米

78 多 [ ] : ① 少 ② 白 ③ 千 ④ 習

05 다음 [ ]에 알맞은 漢字를 |보기|에서 찾아 그 번호를 쓰세요. 79~81번

|보기|

① 門 ② 命 ③ 夜 ④ 女 ⑤ 石

79 人[ ]在天 80 晝[ ]長川

81 南男北[ ]

06 다음 漢字와 뜻이 비슷한 漢字를 골라 그 번호를 쓰세요. 82~83번

82 樹 [ ] : ① 室 ② 石 ③ 木 ④ 主

83 服 [ ] : ① 表 ② 庭 ③ 行 ④ 衣

07 다음에서 소리는 같으나 뜻이 다른 漢字를 골라 그 번호를 쓰세요. 84~85번

84 空 [ ] : ① 共 ② 代 ③ 金 ④ 堂

85 古 [ ] : ① 界 ② 光 ③ 高 ④ 公

08 다음의 뜻을 가진 단어를 한글과 漢字로 쓰세요. 86~87번

|보기|

온 나라 : [전국] – [全國]

86 학습 활동이 이루어지는 방.
: [ ] – [ ]

87 이름이 널리 알려져 있음.
: [ ] – [ ]

09 다음 漢字의 색이 다른 획은 몇 번째 쓰는지 |보기|에서 찾아 그 번호를 쓰세요. 88~90번

|보기|

① 첫 번째	② 두 번째	③ 세 번째
④ 네 번째	⑤ 다섯 번째	⑥ 여섯 번째
⑦ 일곱 번째	⑧ 여덟 번째	⑨ 아홉 번째
⑩ 열 번째	⑪ 열한 번째	⑫ 열두 번째

88 昨 ………… [ ]

89 省 ………… [ ]

90 園 ………… [ ]

03회	한자능력검정시험 6급 기출·예상문제	(사) 한국어문회 주관	
		합격문항	63문항
		시험시간	50분
		정 답	155쪽

01 다음 밑줄 친 漢字語의 讀音을 쓰세요. 01~33번

| 보기 |
漢字 → [한자]

01 악기 소리는 제각기 特色이 있다. [ ]

02 아들이 先親의 뜻을 대신 이루었다. [ ]

03 유리 온실 안은 바깥보다 溫度가 높다. [ ]

04 선정을 베풀어 民心을 크게 안정시켰다. [ ]

05 새 음반을 정식으로 發表하였다. [ ]

06 음악을 사랑하고 자연과 交感하였다. [ ]

07 많은 사람들이 多幸으로 여겼다. [ ]

08 그가 반대를 하는 理由는 간단했다. [ ]

09 우리 선수단은 구기 종목에서 頭角을 나타냈다. [ ]

10 이 약은 일회용으로 포장되어 있어서 服用이 간편하다. [ ]

11 병력 수가 많으므로 勝算이 있다고 생각했다. [ ]

12 구조의 一例를 그림으로 나타냈다. [ ]

13 이 소설은 현대사회의 根本 문제를 다루었다. [ ]

14 새벽에 공격 開始 명령을 내렸다. [ ]

15 광고는 보통 잡지에 많으나 新聞에서도 볼 수 있다. [ ]

16 목초가 자라기에 有利한 기후 환경이다. [ ]

17 문화가 발달하면서 分業이 발생하였다. [ ]

18 환호와 박수 속에 무대 위로 登場했다. [ ]

19 적은 궁지에 몰리자 白旗를 들고 항복하였다. [ ]

20 오랜 세월 속에 독특한 神話를 창조하였다. [ ]

21 구름은 夕陽에 붉게 물들었다. [ ]

22 신호의 強弱을 조절하였다. [ ]

23 "하나뿐인 地球를 살리자." [ ]

24 겉으로 보기에는 거의 區別할 수 없었다. [ ]

25 그 일을 速行으로 처리하였다. [ ]

26 강물은 晝夜를 쉬지 않고 흐른다. [ ]

27 마을버스의 路線이 늘어났다. [ ]

28 서양의 遠近법을 이용하여 그림을 그렸다. .... [ ]

29 그 사람 말은 全部 거짓이었다. .... [ ]

30 복을 누리다 天命대로 세상을 떠났다. .... [ ]

31 천지는 萬物의 부모라고 한다. .... [ ]

32 작품의 題目을 고민하였다. .... [ ]

33 유리판에 水銀을 발라 거울을 만들었다. .... [ ]

02 다음 漢字의 訓과 音을 쓰세요. 34~55번

| 보기 |

國 → [나라 국]

34 雪 [ ]	35 直 [ ]
36 飮 [ ]	37 放 [ ]
38 失 [ ]	39 庭 [ ]
40 米 [ ]	41 時 [ ]
42 合 [ ]	43 童 [ ]
44 勇 [ ]	45 意 [ ]
46 今 [ ]	47 休 [ ]
48 育 [ ]	49 現 [ ]
50 樹 [ ]	51 席 [ ]
52 植 [ ]	53 園 [ ]
54 英 [ ]	55 信 [ ]

03 다음 밑줄 친 漢字語를 漢字로 쓰세요. 56~75번

| 보기 |

국어 → [國語]

56 상자의 **내면**에는 색지를 붙였다. .... [ ]

57 자식은 **부모**의 특징을 골고루 갖는다. .... [ ]

58 웅장한 **해군**의 구축함을 구경하였다. .... [ ]

59 도시민들이 **농촌** 생활을 직접 체험하였다. .... [ ]

60 허수아비는 팔을 **좌우**로 벌린 채 외발로 서 있다. .... [ ]

61 넓은 호수에는 갈대로 만든 **인공** 섬들도 있다. .... [ ]

62 도시화되면서 농사를 짓는 **가구**가 많지 않다. .... [ ]

63 더 넓은 **공간**을 사용할 수 있게 만들었다. .... [ ]

64 할아버지는 **춘추**에 비해 건강해 보이셨다. .... [ ]

65 5일장은 새벽에 열리기 시작하여 **오전**에 끝났다. .... [ ]

66 광장에는 언제나 **활기**가 넘쳤다. .... [ ]

67 "사람의 자식된 자가 어찌 **효도**를 하지 않겠는가?" .... [ ]

68 식순에 따라 학생들이 **교가**를 제창하였다. .... [ ]

69 그는 **노년**에 고향으로 내려가 후학을 가르쳤다. .... [ ]

70 쌀을 먹기 전에는 잡곡과 맥류를 **주식**으로 하였다. .... [ ]

71 우리의 선조들은 자연 속에서 **자족**한 삶을 살았다. .... [ ]

72 학우들의 시를 모아 책을 묶고 **후기**를 붙였다. .... [ ]

73 미국에 살고 있다는 **팔촌**을 처음 만났다. .... [ ]

74 계단 때문에 휠체어가 다니기에 **불편**하였다. .... [ ]

75 아무리 좋은 **외래**문화도 우리의 현실에 맞게 받아들여야 한다. .... [ ]

04 다음 漢字와 뜻이 반대 또는 상대되는 글자를 골라 그 번호를 쓰세요. 76~78번

76 教 [ ] : ① 圖 ② 果 ③ 習 ④ 堂

77 長 [ ] : ① 太 ② 小 ③ 高 ④ 短

78 兄 [ ] : ① 科 ② 弟 ③ 班 ④ 黃

05 다음 사자성어의 [ ]에 들어갈 漢字를 |보기|에서 골라 그 번호를 쓰세요. 79~81번

|보기|

① 明 ② 永 ③ 淸 ④ 石 ⑤ 苦 ⑥ 業

79 [ ] 風明月 : 맑은 바람과 밝은 달.

80 生死 [ ] 樂 : 삶과 죽음, 괴로움과 즐거움.

81 公 [ ] 正大 : 하는 일이나 행동이 사사로움이 없이 떳떳하고 바름.

06 다음 漢字와 뜻이 비슷한 漢字를 골라 그 번호를 쓰세요. 82~83번

82 形 [ ] : ① 訓 ② 然 ③ 式 ④ 體

83 衣 [ ] : ① 花 ② 服 ③ 面 ④ 本

07 다음 漢字와 소리는 같으나 뜻이 다른 漢字를 골라 그 번호를 쓰세요. 84~85번

84 成 [ ] : ① 祖 ② 術 ③ 功 ④ 省

85 計 [ ] : ① 界 ② 書 ③ 號 ④ 林

08 다음 漢字語의 뜻을 풀이하세요. 86~87번

|보기|

體力 : [몸의 힘]

86 手動 : [ ]

87 名所 : [ ]

09 다음 漢字의 색이 다른 획은 몇 번째 쓰는지 |보기|에서 찾아 그 번호를 쓰세요. 88~90번

|보기|

① 첫 번째	② 두 번째	③ 세 번째
④ 네 번째	⑤ 다섯 번째	⑥ 여섯 번째
⑦ 일곱 번째	⑧ 여덟 번째	⑨ 아홉 번째
⑩ 열 번째	⑪ 열한 번째	⑫ 열두 번째

88  .... [ ]

89  .... [ ]

90  .... [ ]

04회 한자능력검정시험 6급 기출·예상문제

(사) 한국어문회 주관	
합격문항	63문항
시험시간	50분
정 답	156쪽

01 다음 밑줄 친 漢字語의 讀音을 쓰세요.

01~33번

| 보기 |

漢字 → [한자]

01 그 所聞은 사실이었다. ………………………… [ ]

02 衣服에도 예절이 있다. ………………………… [ ]

03 지구는 太陽의 주위를 주기적으로 돌고 있다. ………………… [ ]

04 그늘 밑에서 老人들이 장기를 두고 있다. ………………………… [ ]

05 그가 화를 내는 理由를 알 수 없었다. ………………………… [ ]

06 경비병이 晝夜로 감시하였다. ………………………… [ ]

07 지구면을 두 쪽으로 나눈 한 부분을 '半球'라고 한다. ………… [ ]

08 부상자는 手足을 움찔거렸다. ………………………… [ ]

09 선생님께서는 인성教育을 강조하셨다. ………………………… [ ]

10 머뭇거리는 나에게 勇氣를 주었다. ………………………… [ ]

11 학생들이 운동장에 集合하였다. ………………………… [ ]

12 "사람이 되어 父母의 은혜를 모르겠느냐?" ………………………… [ ]

13 두 사람은 親族 같은 정을 느꼈다. ………………………… [ ]

14 강대국은 무력으로 弱小민족을 지배했다. ………………………… [ ]

15 집 앞에 花園을 꾸미기로 하였다. ………………………… [ ]

16 혼례 절차는 世習을 따르기로 하였다. ………………………… [ ]

17 차량 한 대가 通路를 막고 있었다. ………………………… [ ]

18 세계 平和를 위해 노력하였다. ………………………… [ ]

19 바람개비로 風向을 알아보았다. ………………………… [ ]

20 회장 자리가 두 달째 空席이다. ………………………… [ ]

21 배는 해협을 통과하여 大洋으로 나아갔다. ………………………… [ ]

22 시골집 부엌을 新式으로 고쳤다. ………………………… [ ]

23 우리 동아리 회원은 現在 아홉 명이다. ………………………… [ ]

24 학교 운동장 開放을 찬성하였다. ………………………… [ ]

25 암자에는 예쁘게 생긴 童子가 있었다. ………………………… [ ]

26 현진이는 교내 美術대회에서 입상하였다.
.... [ ]

27 그는 오랫동안 國家대표로 활동하였다.
.... [ ]

28 국산품 愛用을 주장하였다.
.... [ ]

29 자신의 失言에 대해 사과하였다.
.... [ ]

30 어머니가 나이 어린 왕을 代身하였다.
.... [ ]

31 각 지방마다 잔치 飮食을 선보였다.
.... [ ]

32 골짜기에서는 신호의 感度가 좋지 않았다.
.... [ ]

33 아군은 勝戰을 거듭하였다.
.... [ ]

02 다음 漢字의 訓과 音을 쓰세요. 34~56번

| 보기 |

字 → [글자 자]

34 作 [ ] 35 頭 [ ]
36 寸 [ ] 37 反 [ ]
38 安 [ ] 39 住 [ ]
40 米 [ ] 41 苦 [ ]
42 白 [ ] 43 速 [ ]
44 區 [ ] 45 共 [ ]
46 急 [ ] 47 等 [ ]
48 雪 [ ] 49 今 [ ]
50 來 [ ] 51 登 [ ]
52 千 [ ] 53 圖 [ ]
54 外 [ ] 55 記 [ ]
56 淸 [ ]

03 다음 밑줄 친 漢字語를 漢字로 쓰세요. 57~76번

| 보기 |

한국 → [韓國]

57 백방으로 노력했다.
.... [ ]

58 모든 일에는 선후가 있다.
.... [ ]

59 전화로 방을 예약했다.
.... [ ]

60 조상들의 지혜를 본받자.
.... [ ]

61 삼각주는 토지가 비옥하였다.
.... [ ]

62 밥 먹을 시간도 없이 바쁘다.
.... [ ]

63 오늘은 휴일이라 늦잠을 잤다.
.... [ ]

64 도로가 남북으로 길게 뻗었다.
.... [ ]

65 여름이 되어 초목이 무성하다.
.... [ ]

66 다리를 다쳐서 활동이 어렵다.
.... [ ]

67 시인은 자연을 노래하였다.
.... [ ]

68 "올해 춘추가 어떻게 되시는지요?"
.... [ ]

69 영화는 첫 **장면**이 인상적이었다.
.... [ ]

70 **산림**이 훼손되는 것을 막아야 한다.
.... [ ]

71 나는 **형제**가 많은 집에서 태어났다.
.... [ ]

72 **장남**이 대를 이어 가업을 물려받았다.
.... [ ]

73 **농촌**생활 체험을 소개하였다.
.... [ ]

74 **매월** 한 번씩 정기적으로 모였다.
.... [ ]

75 우리나라 동쪽에 있는 바다는 **동해**이다.
.... [ ]

76 훌륭한 인재를 키우기 위해 **학교**를 세웠다.
.... [ ]

04 다음 漢字와 뜻이 반대 또는 상대되는 글자를 골라 그 번호를 쓰세요. 77~78번

77 遠 [ ] : ①近 ②川 ③孝 ④根

78 朝 [ ] : ①青 ②夕 ③多 ④内

05 다음 사자성어의 [ ]에 들어갈 漢字를 |보기|에서 골라 그 번호를 쓰세요. 79~80번

|보기|
①夏 ②市 ③待 ④死 ⑤永 ⑥川

79 門前成 [ ]　80 九 [ ] 一生

06 다음 漢字와 뜻이 비슷한 漢字를 골라 그 번호를 쓰세요. 81~82번

81 算 [ ] : ①注 ②李 ③神 ④數

82 堂 [ ] : ①特 ②室 ③江 ④體

07 다음 漢字와 소리는 같으나 뜻이 다른 漢字를 골라 그 번호를 쓰세요. 83~85번

83 禮 [ ] : ①使 ②孫 ③例 ④朴

84 使 [ ] : ①男 ②事 ③邑 ④氷

85 角 [ ] : ①各 ②幸 ③綠 ④交

08 다음의 뜻을 가진 단어를 쓰세요. 86~87번

|보기|
쉬는 날 → [휴일]

86 두 겹. 겹침. .... [ ]

87 불을 끔. .... [ ]

09 다음 漢字의 색이 다른 획은 몇 번째 쓰는지 |보기|에서 찾아 그 번호를 쓰세요. 88~90번

|보기|

① 첫 번째	② 두 번째	③ 세 번째
④ 네 번째	⑤ 다섯 번째	⑥ 여섯 번째
⑦ 일곱 번째	⑧ 여덟 번째	⑨ 아홉 번째
⑩ 열 번째	⑪ 열한 번째	⑫ 열두 번째

88 野 .... [ ]

89 班 .... [ ]

90 表 .... [ ]

05회	한자능력검정시험 6급 기출·예상문제	(사) 한국어문회 주관	
		합격문항	63문항
		시험시간	50분
		정 답	158쪽

01 다음 밑줄 친 漢字語의 讀音을 쓰세요. (01~33번)

| 보기 |
漢字 → [한자]

01 오래간만에 닥친 '運數가 좋은 날'이었다. .... [ ]

02 10월에 접어들면서 淸明한 날씨가 계속 되었다. .... [ ]

03 야산을 시민들을 위한 公園으로 꾸몄다. .... [ ]

04 소매업자는 시장 動向을 살펴 가격을 붙인다. .... [ ]

05 구원 투수는 최고 球速 150km의 공을 던졌다. .... [ ]

06 그들이 오래 定住하기에는 생활용수가 부족했다. .... [ ]

07 문화재 복원을 위한 준비 作業이 한창 진행되고 있다. .... [ ]

08 낙타가 바늘귀에 들어갈 만큼 어렵다는 일을 成功하였다. ·· [ ]

09 겨울철에도 다소 溫和한 기후가 나타난다. .... [ ]

10 대부분의 약은 식후 30분에 服用한다. .... [ ]

11 배경을 먹으로 처리하여 遠近을 살렸다. .... [ ]

12 세계 시장에 진출할 新藥을 개발하였다. .... [ ]

13 신라의 始祖 박혁거세는 13살에 왕이 되었다. .... [ ]

14 두 사람은 비슷한 연배로 서로 親交가 두터웠다. .... [ ]

15 세계적인 명작童話를 만화로 꾸며 소개하였다. .... [ ]

16 씨름꾼들은 體級과 나이에 상관없이 마을 대표로 나섰다. … [ ]

17 현장 학습 날에는 각자 集合 장소로 모이기로 하였다. .... [ ]

18 대통령의 特使로 미국을 방문하였다. .... [ ]

19 음악 시간에 악곡의 形式을 배웠다. .... [ ]

20 눈이 내린 뒤에 기온이 떨어져 路面이 얼어버렸다. .... [ ]

21 소나무를 방풍림으로 植樹하여 잘 보존하였다. .... [ ]

22 같은 학년끼리 班別 줄다리기를 하였다. .... [ ]

23 학급 신문의 題號를 '한마음'이라고 붙였다. .... [ ]

24 무상으로 급식을 제공하는 것도 社會 복지의 일종이다. .... [ ]

25 에너지 활용 방법의 하나로 太陽 광선을 이용하였다. .... [ ]

26 연합군은 수많은 적을 물리치는 戰果를 거두었다. .... [ ]

27 지역 특성을 살린 飮食들을 소개하였다. ………………………………… [ ]

28 '주체 높임법'이란 주체가 되는 대상을 높여 表現하는 방법이다. ·· [ ]

29 고양이를 보고 참새 떼가 多急하게 지저귀는 모습을 그렸다. ···· [ ]

30 국제 圖書 전시회에 참가하여 우리 문화의 우수성을 알렸다. ···· [ ]

31 도덕적인 교훈을 주제로 삼아 감정적인 共感을 불러일으켰다. ···· [ ]

32 애완견을 키울 때에는 이웃에 방해가 되지 않게 注意해야 한다. ·· [ ]

33 만우절은 거짓말을 해도 가벼운 장난으로 넘기는 風習이 있는 날이다. ………………………………… [ ]

02 다음 漢字의 訓과 音을 쓰세요. 34~55번

| 보기 |
字 → [글자 자]

34 邑 [ ]	35 英 [ ]
36 待 [ ]	37 郡 [ ]
38 勇 [ ]	39 本 [ ]
40 第 [ ]	41 等 [ ]
42 庭 [ ]	43 雪 [ ]
44 讀 [ ]	45 席 [ ]
46 短 [ ]	47 愛 [ ]
48 由 [ ]	49 語 [ ]
50 每 [ ]	51 頭 [ ]
52 理 [ ]	53 消 [ ]
54 計 [ ]	55 野 [ ]

03 다음 밑줄 친 漢字語를 漢字로 쓰세요. 56~75번

| 보기 |
국어 → [國語]

56 산 위에 편안한 휴식 공간이 있었다. ………………………………… [ ]

57 군인들이 군가를 부르며 행군하였다. ………………………………… [ ]

58 입춘서를 붙이며 가내가 평안하기를 빌었다. ………………………………… [ ]

59 한지로 책을 엮었다. ··· [ ]

60 형은 대학을 졸업하고 연구원이 되었다. ………………………………… [ ]

61 성질이 다른 두 물체를 서로 마찰하면 전기를 일으킨다. ·········· [ ]

62 인간은 태어나면서부터 남녀로 구분된다. ………………………………… [ ]

63 광화문은 경복궁의 정문이다. ………………………………… [ ]

64 아기돼지 삼형제는 각각 다른 재료로 집을 지었다. ···················· [ ]

65 이틀 동안 농촌 체험을 하였다. ………………………………… [ ]

66 효란, 부모를 공경하며 섬기는 일을 말한다. ………………………………… [ ]

67 한적한 곳에 터를 잡고 노후를 보낼 계획을 세웠다. ···················· [ ]

68 경남 남해에서는 유자가 많이 난다. ………………………………… [ ]

69 학교별로 대표자가 교기를 들고 입장하였다. ······················ [ ]

70 그들은 자유를 위해 **청춘**을 바쳤다. .... [ ]

71 '저것'이란 멀리 있는 **사물**을 가리키는 말이다. .... [ ]

72 새로 뽑힌 **이장**은 마을 사람들에게 인사를 하였다. .... [ ]

73 세계 최고를 꿈꾸는 자동차 **공장**을 견학하였다. .... [ ]

74 인간은 **자연**으로부터 많은 혜택을 받으며 살아간다. .... [ ]

75 백두산은 언제든지 활동할 수 있는 **휴화산**이다. .... [ ]

04 다음 漢字의 반대 또는 상대되는 글자를 골라 그 번호를 쓰세요. 76~78번

76 晝 ↔ [ ] : ①午 ②夜 ③線 ④主

77 強 ↔ [ ] : ①幸 ②言 ③江 ④弱

78 苦 ↔ [ ] : ①樂 ②失 ③高 ④永

05 다음 漢字와 뜻이 비슷한 漢字를 골라 그 번호를 쓰세요. 79~80번

79 區 – [ ] : ①分 ②口 ③角 ④命

80 章 – [ ] : ①部 ②全 ③文 ④科

06 다음 [ ]에 알맞은 漢字를 |보기|에서 찾아 그 번호를 쓰세요. 81~83번

|보기|

① 答	② 黃	③ 川	④ 發
⑤ 京	⑥ 死	⑦ 地	⑧ 孫

81 百[ ]百中
: 백 번 쏘아 백 번 맞힘.

82 九[ ]一生
: 여러 번 죽을 고비를 넘기고 겨우 살아남.

83 東問西[ ]
: "동쪽에서 물으니 서쪽에서 답한다." 즉 엉뚱한 대답.

07 다음 중 소리(音)는 같으나 뜻(訓)이 다른 漢字를 골라 그 번호를 쓰세요. 84~85번

84 利 – [ ] : ①勝 ②夫 ③夏 ④李

85 米 – [ ] : ①美 ②行 ③油 ④銀

08 다음 漢字語의 뜻을 풀이하세요. 86~87번

|보기|

國力 : [나라의 힘]

86 所聞 : [ ]

87 醫術 : [ ]

09 다음 漢字의 색이 다른 획은 몇 번째 쓰는지 |보기|에서 찾아 그 번호를 쓰세요. 88~90번

|보기|

① 첫 번째	② 두 번째	③ 세 번째
④ 네 번째	⑤ 다섯 번째	⑥ 여섯 번째
⑦ 일곱 번째	⑧ 여덟 번째	⑨ 아홉 번째
⑩ 열 번째	⑪ 열한 번째	⑫ 열두 번째

88 區 .... [ ]

89 根 .... [ ]

90 堂 .... [ ]

(사) 한국어문회 주관

한자능력 검정시험

정답 및 해설 6급

- 예상문제 1회 ~ 15회
- 기출 · 예상문제 1회 ~ 5회

6급 한자능력검정시험 정답 및 해설

01회 예상문제 31쪽~33쪽

01	음악	02	광선	03	작별	04	체현
05	애용	06	북풍	07	읍내	08	국운
09	야천	10	직언	11	유래	12	도통
13	출석	14	노상	15	강설	16	특급
17	형편	18	예식	19	표제	20	화기
21	은행	22	공감	23	석유	24	친정
25	번호	26	정시	27	과연	28	초록
29	석양	30	도장	31	명리	32	입하
33	이제 금	34	쓸 고	35	말씀 화	36	아이 동
37	나무 수	38	어제 작	39	사이 간	40	번개 전
41	열 개	42	긴 장	43	마실 음	44	노래 가
45	낮 주	46	옷 복	47	구분할 구	48	향할 향
49	사귈 교	50	있을 유	51	마디 촌	52	꽃부리 영
53	눈 목	54	저자 시	55	아침 조	56	읽을 독
57	數千	58	水門	59	十中	60	安心
61	人力車	62	天下	63	午前	64	工事
65	先祖	66	萬全	67	母校	68	二重
69	入住	70	不平	71	農場	72	洞里
73	敎育	74	名所	75	東西	76	海外
77	②	78	④	79	②	80	⑤
81	①	82	③	83	④	84	②
85	③	86	충분하지 아니함. 넉넉하지 아니함				
87	식사하기 전 이른 아침			88	①	89	⑤
90	①						

해설

01 音樂(음악)▸(소리 음)(노래 악)
→ '樂'자는 쓰임에 따라 뜻과 소리가 달라지는 글자입니다.
참 樂(즐길 락, 노래 악, 좋아할 요)

04 體現(체현)▸(몸 체)(나타날 현)
: (정신적인 것을) 구체적인 행동으로 표현하거나 실현함.

14 路上(노상)▸(길 로)(윗 상)
→ '路'자는 본음이 '로'이나 단어의 첫머리에서는 두음법칙에 의해 '노'로 읽고 적습니다.

15 強雪(강설)▸(강할 강)(눈 설) : 세차게 내리는 눈.
→ '強'자와 '强'자는 서로 쓰임이 같은 글자입니다. 그러나 '強'자는 본자(本字)이고, '强'자는 속자(俗字)입니다.

27 果然(과연)▸(실과 과)(그럴 연)
: 아닌 게 아니라 정말로.
→ 주로 생각과 실제가 같음을 확인할 때에 쓰는 말입니다.

32 立夏(입하)▸(설 립)(여름 하)
: 이십사절기(二十四節氣)의 하나로, 곡우(穀雨)와 소만(小滿) 사이에 들며, 이때부터 여름이 시작된다고 함.
→ '立'자는 본음이 '립'이나 단어의 첫머리에서는 두음법칙에 의해 '입'으로 읽고 적습니다.
※ '入夏'로 쓰는 것은 잘못임.

34 '苦(쓸 고)'자의 '쓸'은 '쓰다, 쓴 맛, 괴로워하다.' 등을 뜻합니다.

59 十中八九(십중팔구)
▸(열 십)(가운데 중)(여덟 팔)(아홉 구)
: '열 가운데 여덟이나 아홉이 그러하다.'는 뜻으로, '거의 예외 없이 그러할 것이라는 추측'을 나타내는 말. '십상팔구(十常八九)'라고도 합니다.

61 人力車(인력거)▸(사람 인)(힘 력)(수레 거)
→ '車'자는 쓰임에 따라 '거' 또는 '차'로 읽고 적습니다.

65 先祖(선조)▸(먼저 선)(할아비 조)
: 한집안의 조상.

66 萬全(만전)▸(일만 만)(온전 전)
: 조금도 허술한 데가 없이 아주 완전함. '최선', '완전'이라고도 함.

72 洞里(동리)▸(골 동)(마을 리)
: 행정구역의 최소 구획인 '동(洞)'과 '리(里)'를 뜻하는 데에서, 보통 '마을'을 이르기도 합니다.

74 名所(명소)▸(이름 명)(바 소)
: (아름다운 경치나 고적 따위로) 이름난 곳.
→ 여기에서 '所'자는 '지역, 장소'를 뜻합니다.

77 老少(노소)▸(늙을 로)(적을 소)
: 늙은이와 젊은이.
→ '少'자는 '적다, 약간, 조금, 젊다' 등의 뜻으로 쓰이는 글자입니다. 여기에서는 '젊다'를 뜻합니다.

88 民(백성 민 : 총5획)▸ 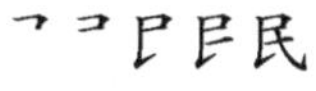

89 代(대신할 대 : 총5획)▸ 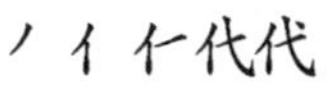

90 在(있을 재 : 총6획)▸ 

02회 예상문제 34쪽~36쪽

01	금번	02	계획	03	이유	04	태양
05	표현	06	다행	07	독서	08	개회
09	유월	10	강촌	11	야구	12	등식
13	농악	14	각도	15	이자	16	고속
17	명의	18	감전	19	반성	20	신록
21	집합	22	병석	23	가문	24	미술
25	제목	26	연호	27	반기	28	전승
29	실업	30	강풍	31	급행	32	동물
33	따뜻할 온	34	옮길 운	35	과목 과	36	줄 선
37	쉴 휴	38	눈 설	39	필 발	40	살 활
41	은 은	42	기다릴 대	43	수풀 림	44	창 창
45	약 약	46	죽을 사	47	놓을 방	48	집 실
49	몸 신	50	떼 부	51	가르칠 교	52	노래 가
53	성 성	54	심을 식	55	무거울 중	56	草色
57	立場	58	南海	59	電話	60	登山
61	同時	62	問安	63	住所	64	後世
65	祖上	66	國土	67	每事	68	平地
69	紙面	70	孝道	71	秋夕	72	空氣
73	老人	74	正字	75	生前	76	間食
77	④	78	③	79	⑥	80	②
81	③	82	②	83	②	84	①
85	④	86	자기가 졸업한 학교				
87	손으로 하는 공예			88	⑥	89	③
90	⑦						

해설

02 計畫(계획)▸(셀 계)(그을 획)
→ '畫'자는 쓰임에 따라 뜻과 소리가 달라지는 글자입니다. 참 畫(그림 화, 그을 획)

09 六月(유월)▸(여섯 륙)(달 월)
→ '六'자의 본음은 '륙'입니다. 그러나 '月'자 앞에서는 '유'로 읽고 적습니다.
참 十月(시월)

12 等式(등식)▸(무리 등)(법 식)
: 수나 문자식에서 서로 같을 때, 등호(=)를 써서 나타내는 관계식.

13 農樂(농악)▸(농사 농)(노래 악)
→ '樂'자는 쓰임에 따라 뜻과 소리가 달라지는 글자입니다.
참 樂(즐길 락, 노래 악, 좋아할 요)

15 利子(이자)▸(이할 리)(아들 자) : 남에게 돈을 꾸어 쓴 대가로 치르는 일정한 비율의 돈.
→ 여기에서 '子'자는 접미사(接尾辭)입니다.
※ 접미사 : 어근이나 단어의 뒤에 붙어 새로운 단어가 되게 하는 말.

18 感電(감전)▸(느낄 감)(번개 전)
: 전기가 통하고 있는 도체(導體)에 몸의 일부가 닿아서 순간적으로 충격을 받는 것.

19 反省(반성)▸(돌이킬 반)(살필 성)
→ '省'자는 쓰임에 따라 뜻과 소리가 달라지는 글자입니다. 참 省(살필 성, 덜 생)

23 家門(가문)▸(집 가)(문 문)
: ① 집안. 문중(門中). ② 대대로 이어 오는 가족, 또는 가까운 일가로 이루어진 공동체의 사회적 지위.

26 年號(연호)▸(해 년)(이름 호)
: ① 임금이 즉위한 연대에 붙이던 칭호. ② 해의 차례를 나타내기 위하여 붙이는 이름.
→ '年'자는 본음이 '년'이나 단어의 첫머리에서는 두음법칙에 의해 '연'으로 읽고 적습니다.

27 半旗(반기)▸(반 반)(기 기)
: 조의(弔意)를 표하기 위하여 깃봉에서 기의 한 폭만큼 내려서 다는 국기.
참 反旗(반기) : 반대의 뜻을 나타내는 행동이나 표시.

47 '放(놓을 방)'자의 '놓다'는 '내치다, 쫓아내다, 석방되다' 등을 뜻합니다.

50 '部(떼 부)'자의 '떼'는 '무리'를 뜻하는 말로, '時(때 시)'자의 '때 = 시간'과는 그 뜻이 다름에 주의해야 합니다.

61 同時(동시)▸(한가지 동)(때 시) : 같은 때.
참 童詩(동시)▸(아이 동)(시 시) : 어린이를 대상으로 어린이의 정서를 읊은 시.

69 紙面(지면)▸(종이 지)(낯 면) : 종이의 겉면.
참 地面(지면)▸(땅[따] 지)(낯 면) : 땅의 표면.

77 內外(내외)▸(안 내)(바깥 외)
: ① 안과 밖. ② 아내와 남편.
→ '內(冂+入)'자는 서체에 따라 '内(冂+人)'자로 쓰기도 합니다. 그러나 부수는 변함없이 '入(들 입)'자로 써야 합니다.

82 樹木(수목)▸(나무 수)(나무 목)
→ '樹'자와 서로 뜻이 비슷한 한자는 '木'자 이외에 '林(수풀 림)'자도 있습니다.

88 男(사내 남 : 총7획)▸ 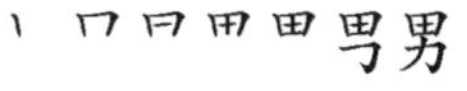

89 米(쌀 미 : 총6획)▸ 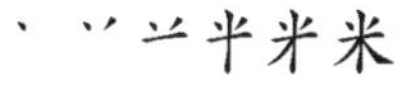

90 車(수레 거 : 총7획)▸ 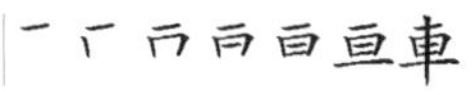

03회 예상문제 37쪽~39쪽

01	반의	02	시사	03	답례	04	직감
05	사회	06	공명	07	불행	08	구속
09	대등	10	설화	11	미풍	12	성과
13	수천	14	시조	15	현금	16	교전
17	주목	18	농민	19	용기	20	영어
21	분반	22	습작	23	개통	24	체중
25	안락	26	양복	27	이문	28	근본
29	특명	30	전집	31	사용	32	계산
33	반 반	34	차례 번	35	집 당	36	클 태
37	필 발	38	아이 동	39	급할 급	40	동산 원
41	누를 황	42	따뜻할 온	43	옮길 운	44	고을 읍
45	손자 손	46	성 박	47	병 병	48	예 고
49	약할 약	50	친할 친	51	먼저 선	52	푸를 청
53	쉴 휴	54	여름 하	55	겨울 동	56	住所
57	洞里	58	弟男	59	世上	60	正午
61	教育	62	登校	63	立春	64	校門
65	外來	66	平生	67	空間	68	學問
69	算出	70	每日	71	兄夫	72	年老
73	動物	74	夕食	75	東海	76	軍歌
77	①	78	④	79	⑤	80	②
81	③	82	①	83	②	84	④
85	①	86	하나의 보기	87	살아 움직이는 힘		
88	⑥	89	④	90	④		

해설

01 反意(반의) ▸ (돌이킬 반)(뜻 의)
: ① 일정한 뜻에 반대하거나 어김. ② 반대되는 뜻.

04 直感(직감) ▸ (곧을 직)(느낄 감)
: 사물이나 현상을 접하였을 때에 진상(眞相)을 순간적으로 느껴 앎.

05 社會(사회) ▸ (모일 사)(모일 회)
→ 서로 뜻이 비슷한 한자로 결합된 한자어입니다.

06 功名(공명) ▸ (공 공)(이름 명)
: 공을 세워 널리 알려진 이름.

08 '球(공 구 : 玉부, 총11획)'자의 부수는 '玉(구슬 옥)'자이나 글자 속에서는 '王(임금 왕)'자처럼 丶(점)이 생략됩니다. 글자 속에서 '玉'자와 같이 丶(점)을 찍으면 틀리므로 주의해야 합니다.

14 始祖(시조) ▸ (비로소 시)(할아비 조)
: ① 한 겨레나 가계의 맨 처음이 되는 조상. 비조(鼻祖). ② 학문・기술 따위를 맨 처음 연 사람.

17 注目(주목) ▸ (부을 주)(눈 목)
: ① 눈길을 한곳에 모아서 봄. ② 관심을 가지고 주의 깊게 살핌.

26 洋服(양복) ▸ (큰바다 양)(옷 복)
→ 여기에서 '洋'자는 '서구식(西歐式)의', 또는 '외국에서 들어온'의 뜻을 더하는 접두사입니다.

27 利文(이문) ▸ (이할 리)(글월 문) : 이익이 남는 돈.
→ '利'자는 본음이 '리'이나 단어의 첫머리에서는 두음법칙에 의해 '이'로 읽고 적습니다.

28 根本(근본) ▸ (뿌리 근)(근본 본)

→ 서로 뜻이 비슷한 한자로 결합된 한자어입니다.

42 '溫(따뜻할 온)'자는 오른쪽 윗부분의 '囚'자를 '日'자로 바꾸어 쓰기도 합니다. 참 溫 = 温.

43 '運(옮길 운 : 辵부, 총13획)'자의 부수는 '辵(쉬엄쉬엄 갈 착)'자이나 글자 속에서는 '辶= 辶'과 같이 변형되어 쓰입니다. '辶'자는 보통 쓸 때에는 '辶'자로 바꾸어 씁니다. '辶= 辶'자의 총획수는 4획입니다.

48 '古(예 고)'자의 '예'는 '아주 먼 과거'를 뜻하는 말로, '지나간 때의'를 뜻하는 '옛'과는 쓰임에 차이가 있습니다.

57 '洞(골 동)'자의 '골'은 '골짜기', 또는 '고을'을 뜻합니다.

63 立春(입춘) ▸ (설 립)(봄 춘)
→ 여기에서 '立'자는 '서다, 나타나다, 정해지다' 등을 뜻합니다.

72 年老(연로) ▸ (해 년)(늙을 로)
→ 여기에서 '年'자는 '나이, 연령'을 뜻합니다.

79 自由自在(자유자재)
▸ (스스로 자)(말미암을 유)(스스로 자)(있을 재)
→ 자재(自在)는 '① 저절로 있음. ② 속박이나 장애가 없이 마음대로임.'을 이르는 말입니다.

80 各人各色(각인각색)
▸ (각각 각)(사람 인)(각각 각)(빛 색)
→ 각색(各色)은 '① 갖가지의 빛깔 ② 온갖 종류. 각종(各種)'을 이르는 말입니다.

86 一例(일례) ▸ (한 일)(법식 례)
→ 여기에서 '例'자는 '보기'를 뜻합니다.

88 定(정할 정 : 총8획) ▸ 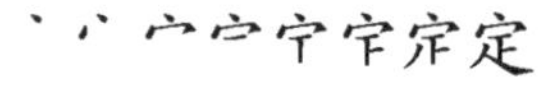

89 父(아비 부 : 총4획) ▸ 

90 永(길 영 : 총5획) ▸ 

04회 예상문제 40쪽~42쪽

01	합리	02	운동	03	외손	04	만병
05	체육	06	의술	07	급속	08	과연
09	태고	10	사별	11	소음	12	명제
13	양지	14	전구	15	기호	16	방학
17	서신	18	중력	19	신수	20	수림
21	선조	22	예물	23	특급	24	작금
25	공화	26	구두	27	실의	28	주유
29	공원	30	승리	31	도화	32	전후
33	쓸 용	34	하여금 사	35	익힐 습	36	아름다울 미
37	비로소 시	38	겉 표	39	마실 음	40	나타날 현
41	귀신 신	42	한가지 동	43	쌀 미	44	친할 친
45	말미암을 유	46	법 식	47	은 은	48	푸를 록
49	눈 설	50	글 장	51	효도 효	52	오를 등
53	사내 남	54	마을 리	55	인간 세	56	農事
57	空間	58	全國	59	邑長	60	方面
61	所有	62	室內	63	白旗	64	天文
65	姓名	66	來韓	67	青春	68	平民
69	生活	70	立場	71	水軍	72	工夫
73	花草	74	正直	75	西便	76	每月
77	③	78	②	79	④	80	①
81	①	82	③	83	②	84	④
85	①	86	한가위	87	차에서 내림		
88	④	89	③	90	⑨		

해설

04 萬病(만병)▸(일만 만)(병 병) : 온갖 병.
→ 여기에서 '萬'자는 '온갖, 수가 많음' 등을 뜻합니다.

11 消音(소음)▸(사라질 소)(소리 음)
: 소리를 없애거나 작게 하여 밖으로 들리지 않도록 함.
참 騷音(소음)▸(떠들 소)(소리 음) : 불쾌하고 시끄러운 소리. 염차

17 書信(서신)▸(글 서)(믿을 신) : 편지
→ 여기에서 '信'자는 '편지'를 뜻합니다.

19 身手(신수)▸(몸 신)(손 수)
: 얼굴에 나타나는 밝은 기운.

24 昨今(작금)▸(어제 작)(이제 금)
→ 서로 뜻이 상대되는 한자로 결합된 반대자입니다.
→ '今'자와 서로 뜻이 상대되는 한자는 '昨'자 이외에 '古(예 고)'자도 있습니다.

26 口頭(구두)▸(입 구)(머리 두)
: 마주 대하여 입으로 하는 말.

35 '習(익힐 습)'자는 '羽(깃 우)+白(흰 백)'이 결합된 한자로, '어린 새가 어미새를 따라 날개[羽]를 퍼드덕거리며 날기를 반복하다보면 숨결이 입과 코[白]로 나온다.'는 뜻에서 '익히다.'를 뜻합니다.
※ 여기에서 '白'자는 '自'자를 뜻하고, '自'자는 '鼻'자를 뜻합니다.

48 '綠(푸를 록)'자는 '緣(인연 연), 錄(기록할 록), 祿(녹 록)'자 등과 서로 혼동하기 쉬운 글자입니다.

60 '面(낯 면)'자의 '낯'은 '눈・코・입 따위가 있는 얼굴'을 뜻합니다. 해가 뜰 때부터 질 때까지의 동안을 뜻하는 '낮'과는 쓰임이 다르므로 주의해야 합니다.

61 所有(소유)▸(바 소)(있을 유)
→ '有(있을 유)'자는 '소유'를 뜻하고, '在(있을 재)'자는 '존재'를 뜻합니다.

67 青春(청춘)▸(푸를 청)(봄 춘)
: '새싹이 파랗게 돋아나는 봄철'이라는 뜻에서 '스무 살 안팎의 젊은 나이'를 이르는 말입니다.

70 立場(입장)▸(설 립)(마당 장)
: 처지. 당면하고 있는 상황.
참 入場(입장)▸(들 입)(마당 장) : 장소 안으로 들어감.

75 西便(서편)▸(서녘 서)(편할 편) : 서쪽 편.
→ 여기에서 '便'자는 '쪽'을 뜻합니다.

77 朝野(조야)▸(아침 조)(들 야)
: 조정(朝廷)과 재야(在野). 정부와 민간.
→ '朝'자와 서로 뜻이 상대되는 한자는 '野'자 이외에 '夕(저녁 석)'자도 있습니다.

79 作心三日(작심삼일)
▸(지을 작)(마음 심)(석 삼)(날 일)
→ '作心(작심)'은 '마음을 단단히 먹음'을 이르는 말입니다.

81 永遠(영원)▸(길 영)(멀 원)
→ '永'자의 '길'은 '길다, 오래다, 멀다' 등을 뜻합니다.

88 食(먹을 식 : 총 9획)
▸ 丿 人 𠆢 今 今 今 食 食 食

89 光(빛 광 : 총 6획)
▸ 丨 ⺌ ⺌ 业 光 光

90 國(나라 국 : 총11획)
▸ 丨 冂 冂 冂 冂 同 同 國 國 國 國

05회 예상문제 43쪽~45쪽

01	초근	02	도복	03	승산	04	오후
05	악장	06	각자	07	만고	08	명태
09	대리	10	영원	11	습작	12	업계
13	동향	14	야생	15	식민	16	소실
17	차창	18	현장	19	특석	20	신식
21	개시	22	병약	23	내세	24	조회
25	약과	26	풍설	27	부정	28	근자
29	양은	30	직립	31	정원	32	체온
33	돌이킬 반	34	고을 군	35	옮길 운	36	화할 화
37	머리 두	38	재주 재	39	날랠 용	40	겉 표
41	귀신 신	42	공평할 공	43	편할 편	44	법식 례
45	장인 공	46	말씀 언	47	통할 통	48	필 발
49	무거울 중	50	뿔 각	51	빛 광	52	꽃부리 영
53	다닐 행	54	이름 호	55	洞長	56	所有
57	氣力	58	西方	59	祖父	60	出入
61	千秋	62	來年	63	主人	64	東海
65	南山	66	三千	67	大韓	68	教室
69	休紙	70	五色	71	登校	72	白旗
73	市中	74	上空	75	村夫	76	母子
77	①	78	④	79	⑤	80	②
81	③	82	②	83	②	84	①
85	③	86	안부를 묻다				
87	꽹과리, 징, 장구, 북			88	②	89	⑥
90	④						

해설

02 道服(도복) ▸ (길 도)(옷 복)
: 무도(武道) 수련을 할 때 입는 운동복(運動服).

05 樂章(악장) ▸ (노래 악)(글 장)
: ① 나라의 제전(祭典)이나 연례(宴禮)와 같은 공식 행사 때 궁중 음악에 맞추어 불렀던 가사. ② 소나타·교향곡·협주곡 등에서 여러 개의 소곡들이 모여 다악장 형식을 이루는 경우 그 하나하나 완결되어 있는 소곡.

06 各自(각자) ▸ (각각 각)(스스로 자)
: 각각의 자기 자신. 제각기.
→ '각자(各者)'라고 쓰지 않음에 주의!

12 業界(업계) ▸ (업 업)(지경 계)
: 같은 산업이나 상업에 종사하는 사람의 사회.

15 植民(식민) ▸ (심을 식)(백성 민)
: 강대국이 본국(本國)과 다른 차별적 지배를 받고 있는 지역에 정치적·경제적 목적으로 자국민이 영주(永住)할 목적으로 이주시키는 일.

21 開始(개시) ▸ (열 개)(비로소 시)
: 행동이나 일 따위를 시작함.
참 開市(개시) ▸ (열 개)(저자 시) : 시장을 열어 물건의 매매를 시작함.

23 來世(내세) ▸ (올 래)(인간 세)
: 죽은 뒤에 다시 태어나 산다는 미래의 세상.
→ '來'자는 본음이 '래'이나 단어의 첫머리에서는 두음법칙에 의해 '내'로 읽고 적습니다.

27 不正(부정) ▸ (아닐 불)(바를 정)
: 올바르지 않거나 옳지 못함.
→ '不'자는 본음이 '불'이나 'ㄷ'이나 'ㅈ'으로 시작하는 명사 앞에 붙어 '부'로 발음하며, '아님, 아

니함, 어긋남' 등의 뜻을 더하는 접두사 역할을 합니다.

29 洋銀(양은)▸(큰바다 양)(은 은)
: 구리・아연・니켈 따위를 합금하여 만든 은백색의 금속.

34 '郡(고을 군)'자의 부수는 '邑(고을 읍)'자이나 글자 속에서는 '阝'자로 변형되어 쓰입니다.

45 '工(장인 공)'자의 '장인(匠人)'은 '장색(匠色)'과 쓰임이 같은 말로, '손으로 물건을 만드는 일을 업으로 하는 사람'을 뜻합니다.

52 '英(꽃부리 영)'자의 '꽃부리'는 '꽃을 이루는 가장 아름다운 부분'으로, '한 송이 꽃의 꽃잎 전체'를 이르는 말입니다.

61 千秋(천추)▸(일천 천)(가을 추)
: 오래고 긴 세월. 먼 미래.

70 五色(오색)▸(다섯 오)(빛 색)
: '청색・황색・적색・백색・흑색'의 다섯 가지 빛깔.

79 老少同樂(노소동락)
▸(늙을 로)(젊을 소)(한가지 동)(즐길 락)
→ '老少'는 서로 뜻이 상대되는 한자로 결합된 반대자입니다.

80 電光石火(전광석화)
▸(번개 전)(빛 광)(돌 석)(불 화)
→ '電光'은 번갯불을 뜻하고, '石火'는 부싯돌의 불을 뜻합니다. 이들은 모두 매우 빠른 것을 비유하는 말로 쓰입니다.

88 火(불 화 : 총4획)▸ 丶 丷 少 火

89 夜(밤 야 : 총8획)▸ 丶 亠 广 亣 亣 夜 夜 夜

90 放(놓을 방 : 총8획)▸ 丶 亠 亍 方 方 方 放 放

06회 예상문제 46쪽~48쪽

01	육성	02	해풍	03	시작	04	노약
05	예식	06	소변	07	사유	08	부등
09	입동	10	합반	11	정초	12	노선
13	용전	14	신자	15	미술	16	실업
17	애독	18	백군	19	족구	20	급소
21	조손	22	상경	23	출현	24	개발
25	문병	26	재래	27	청산	28	친서
29	반성	30	공리	31	과학	32	광약
33	각각 각	34	오얏 리	35	모일 회	36	빠를 속
37	머리 두	38	누를 황	39	볕 양	40	이름 명
41	짧을 단	42	고을 군	43	다행 행	44	글월 문
45	돌 석	46	차례 번	47	반 반	48	온전 전
49	안 내	50	있을 유	51	느낄 감	52	기름 유
53	기록할 기	54	그림 도	55	平面	56	天命
57	水力	58	自活	59	主食	60	萬國旗
61	手動	62	二世	63	市長	64	力道
65	空日	66	校歌	67	答紙	68	同門
69	直立	70	重大	71	生氣	72	兄夫
73	地方	74	安心	75	電話	76	子正
77	①	78	③	79	⑤	80	①
81	③	82	②	83	④	84	①
85	②	86	햅쌀 / 그 해에 새로 난 쌀				
87	이주 먼 옛날			88	③	89	③
90	③						

해설

04 老弱(노약)▸(늙을 로)(약할 약)
→ '老'자는 본음이 '로'이나 단어의 첫머리에서는 두음법칙에 의해 '노'로 읽고 적습니다.

06 小便(소변)▸(작을 소)(똥오줌 변)
→ '便'자는 쓰임에 따라 뜻과 소리가 달라지는 글자입니다. 참 便(편할 편, 똥오줌 변)

08 不等(부등)▸(아닐 불)(무리 등)
: ① 서로 같지 아니하다. ② 층이 져서 고르지 아니하다.
→ '不'자는 본음이 '불'이나 'ㄷ'이나 'ㅈ'으로 시작하는 명사 앞에 붙어 '부'로 발음하며, '아님, 아니함, 어긋남' 등의 뜻을 더하는 접두사 역할을 합니다.

09 立冬(입동)▸(설 립)(겨울 동)
→ '立'자는 본음이 '립'이나 단어의 첫머리에서는 두음법칙에 의해 '입'으로 읽고 적습니다.
→ 여기에서 '立'자는 '서다, 나타나다, 정해지다' 등을 뜻합니다.

12 路線(노선)▸(길 로)(줄 선)
→ '路'자는 본음이 '로'이나 단어의 첫머리에서는 두음법칙에 의해 '노'로 읽고 적습니다.

16 失業(실업)▸(잃을 실)(업 업)
→ '失'자는 '矢(화살 시)'자와 혼동하기 쉬운 글자입니다.

20 急所(급소)▸(급할 급)(바 소)
: (사물의) 가장 중요한 부분.

26 在來(재래)▸(있을 재)(올 래)
: ① 예전부터 있어 전하여 내려온 것. ② 이제까지 해 오던 일.

29 反省(반성)▸(돌이킬 반)(살필 성)
→ '省'자는 쓰임에 따라 뜻과 소리가 달라지는 글자입니다. 참 省(살필 성, 덜 생)

30 公利(공리)▸(공평할 공)(이할 리)
: 공중(公衆)이나 공공(公共)단체의 이익.

35 '會(모일 회)'자는 부수가 '曰(가로 왈)'자이므로 '日(날 일)'자와 같이 위아래로 길게 쓰는 것은 잘못된 방법입니다.

61 手動(수동)▸(손 수)(움직일 동)
: (다른 동력을 이용하지 않고) 손으로 움직임.

64 力道(역도)▸(힘 력)(길 도)
→ '力'자는 본음이 '력'이나 단어의 첫머리에서는 두음법칙에 의해 '역'으로 읽고 적습니다.

65 空日(공일)▸(빌 공)(날 일)
: 일을 하지 않고 쉬는 날.

79 三十六計(삼십육계)
▸(석 삼)(열 십)(여섯 륙)(셀 계)
:『자치통감(資治通鑑)』 141권에 나오는 '삼십육계주위상책(三十六計走爲上策)'의 준말로, '삼십육계주위상계(三十六計走爲上計)'라고도 한다. '서른여섯 가지 계책 가운데 도망가는 것이 제일 좋은 계책'이라는 뜻에서, '상황이 불리할 때는 도망가는 것이 최상의 방책'이라는 말입니다.

82 英特(영특)▸(꽃부리 영)(특별할 특)
: 남달리 뛰어나고 훌륭함.

86 新米(신미)▸(새 신)(쌀 미)
: 햅쌀. 그해에 새로 난 쌀

88 色(빛 색 : 총 6획)▸ 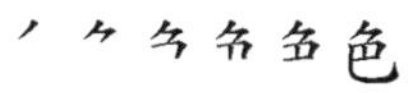

89 西(서녘 서 : 총 6획)▸ 

90 堂(집 당 : 총11획)
▸ 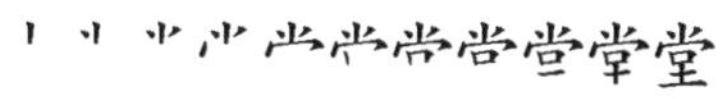

07회 예상문제 49쪽~51쪽

01	특별	02	애족	03	현재	04	손녀
05	공감	06	입춘	07	재기	08	영특
09	불편	10	서화	11	사교	12	신문
13	형식	14	교육	15	승운	16	설광
17	양수	18	성공	19	과수	20	내성
21	근고	22	두각	23	공표	24	가정
25	각계	26	고급	27	화음	28	양약
29	신동	30	의술	31	예도	32	구분
33	멀 원	34	기다릴 대	35	모을 집	36	짧을 단
37	마당 장	38	자리 석	39	고을 읍	40	정할 정
41	사라질 소	42	대답 답	43	뜻 의	44	아우 제
45	친할 친	46	나눌 반	47	믿을 신	48	어미 모
49	다스릴 리	50	눈 목	51	온전 전	52	아침 조
53	③	54	④	55	⑤	56	⑥
57	②	58	①	59	不動	60	休校
61	安住	62	王子	63	月出	64	來世
65	自重	66	記事	67	海物	68	少時
69	命中	70	電車	71	空白	72	手工
73	水平	74	萬金	75	下旗	76	方道
77	②	78	①	79	④	80	③
81	②	82	④	83	①	84	④
85	②	86	언니의 남편				
87	실수로 잘못 말함 / 말실수					88	⑥
89	⑨	90	⑤				

해설

07 才氣(재기) ▸ (재주 재)(기운 기)
: 재주가 있는 기질(氣質).

08 英特(영특) ▸ (꽃부리 영)(특별할 특)
→ 서로 뜻이 비슷한 한자로 결합된 한자어입니다.

10 書畫(서화) ▸ (글 서)(그림 화)
→ '畫'자는 '畵'자와 쓰임이 같은 이체자이나 '畫'자가 정자(正字)이고, '畵'자는 속자(俗字)입니다.

12 新聞(신문) ▸ (새 신)(들을 문)
→ 여기에서 '聞'자는 '듣다, 알다, 소식' 등을 뜻합니다.

15 勝運(승운) ▸ (이길 승)(옮길 운)
: 이길 운수(運數).

20 內省(내성) ▸ (안 내)(살필 성)
: ① 자기의 사상(思想) 또는 말과 행동 따위를 스스로 돌이켜 봄. ② 자기 관찰.
→ '省'자는 쓰임에 따라 뜻과 소리가 달라지는 글자입니다. 참 省(살필 성, 덜 생)

21 近古(근고) ▸ (가까울 근)(예 고)
: ① 그리 오래되지 않은 옛날. ② 중고(中古)와 근세(近世) 사이.

23 公表(공표) ▸ (공평할 공)(겉 표)
: 세상에 널리 알림. 공개 발표.
→ 여기에서 '公'자는 '여럿의'를 뜻합니다.

28 洋藥(양약) ▸ (큰바다 양)(약 약)
: 서양 의술로 만든 약.
→ 여기에서 '洋'자는 '서구식(西歐式)의', 또는 '외국에서 들어온'의 뜻을 더하는 접두사(接頭辭)입니다.

38 '席(자리 석)'자는 '度(법도 도)'자와 혼동하기 쉬운 글자입니다.

59 不動(부동)▸(아닐 불)(움직일 동)
→ '不'자는 본음이 '불'이나 'ㄷ'이나 'ㅈ'으로 시작하는 명사 앞에 붙어 '부'로 읽고 적습니다.

68 少時(소시)▸(적을 소)(때 시) : 젊었을 때.
→ 여기에서 '少'자는 '젊음'을 뜻합니다.

69 命中(명중)▸(목숨 명)(가운데 중) : (화살이나 총알 따위로) 겨냥한 곳을 쏘아 바로 맞음.
→ 여기에서 '命'자는 '표적'을 뜻하고, '中'자는 '맞다, 알맞다, 일치하다' 등을 뜻합니다.

72 手工(수공)▸(손 수)(장인 공) : ① 손으로 하는 간단한 공예. ② 손으로 하는 일의 품삯.

74 萬金(만금)▸(일만 만)(쇠 금) : 매우 많은 돈.
→ 여기에서 '萬'자는 '수가 많음'을 나타내는 말입니다.

75 下旗(하기)▸(아래 하)(기 기) : 기를 내림.

76 方道(방도)▸(모 방)(길 도) : 어떤 일을 풀어나가기 위한 방법(方法)과 도리(道理).

77 死活(사활)▸(죽을 사)(살 활)
→ '死'자와 서로 뜻이 반대되는 한자는 '活'자 이외에 '生(날 생)'자도 있습니다.

82 身體(신체)▸(몸 신)(몸 체)
→ 주의! '身 - ① 心'은 서로 뜻이 상대되는 반대자입니다.

88 每(매양 매 : 총 7획)
▸ 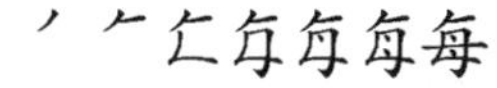

89 郡(고을 군 : 총10획)
▸ 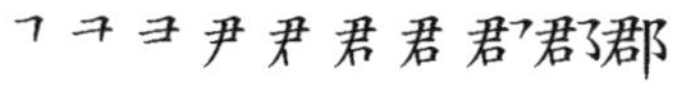

90 門(문 문 : 총 8획)
▸ 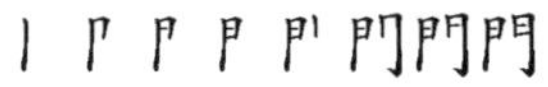

08회 예상문제 52쪽~54쪽

01	사리	02	교습	03	화제	04	과수
05	속구	06	사각	07	농활	08	동급
09	통산	10	반기	11	직선	12	체온
13	육감	14	병자	15	풍악	16	부족
17	회사	18	시내	19	시월	20	정원
21	평등	22	답신	23	동화	24	청춘
25	육영	26	명도	27	친화	28	공석
29	태학	30	방전	31	신작로	32	정족수
33	예 고	34	매양 매	35	모을 집	36	길 영
37	내 천	38	오를 등	39	심을 식	40	사랑 애
41	잃을 실	42	들을 문	43	공평할 공	44	집 당
45	있을 재	46	옮길 운	47	이름 호	48	업 업
49	나타날 현	50	차례 제	51	부을 주	52	그럴 연
53	적을 소	54	어제 작	55	은 은	56	재주 재
57	記名	58	子弟	59	孝道	60	紙面
61	立場	62	秋夕	63	一生	64	所重
65	入力	66	人夫	67	日時	68	來韓
69	木手	70	東方	71	百姓	72	食前
73	白金	74	洞口	75	世上	76	國花
77	③	78	④	79	①	80	⑤
81	④	82	②	83	②	84	②
85	①	86	안과 밖 / 부부				
87	자기가 태어난 나라			88	③	89	⑩
90	④						

해설

07 農活(농활)▸(농사 농)(살 활) : 농촌 활동.

09 通算(통산)▸(통할 통)(셈 산)
: 전부를 통틀어 계산함.

13 六感(육감)▸(여섯 륙)(느낄 감)
: 일반적으로 알 수 없는 사물의 본질을 직감적으로 포착하는 심리 작용. '제육감(第六感)'이라고도 함.

19 十月(시월)▸(열 십)(달 월)
→ '十'자는 본음이 '십'이나 '月'자 앞에서는 '시'로 읽고 적습니다.
참 六月(유월), 시방(十方).

25 育英(육영)▸(기를 육)(꽃부리 영)
: 영재를 가르쳐 기름. '교육'을 달리 이르는 말.

26 明度(명도)▸(밝을 명)(법도 도)
: 색의 밝고 어두운 정도.
→ 여기에서 '度'자는 '어떠한 정도나 한도'를 뜻합니다.

28 空席(공석)▸(빌 공)(자리 석)
: 비어있는 자리나 지위.
참 公席(공석)▸(공평할 공)(자리 석) : 공적인 일로 모인 자리.

29 太學(태학)▸(클 태)(배울 학)
: 고구려 때의 국립교육기관. 고려 시대에는 국자감의 한 분과. 조선 시대에는 '성균관'을 달리 이르던 말.

30 放電(방전)▸(놓을 방)(번개 전)
: 전기를 띤 물체에서 전기가 외부로 흘러나오는 현상.

32 定足數(정족수)▸(정할 정)(발 족)(셈 수)
: 의사(議事)를 진행하고 결정하는 데에 필요한 구성원의 출석 인원수.

33 '古(예 고)'자의 '예'는 '아주 먼 과거'를 뜻하고, '옛'은 '지나간 때의'를 뜻합니다.

49 '現(나타날 현)'자의 부수는 '玉(구슬 옥)'자입니다. 그러나 글자 속에서는 '王(임금 왕)'자처럼 丶(점)이 생략됩니다. 글자 속에서 '玉'자와 같이 丶(점)을 찍으면 틀리므로 주의해야 합니다.

63 一生(일생)▸(한 일)(날 생)
: 살아 있는 동안. 평생.
→ '日生(일생)'으로 쓰지 않도록 주의!

65 入力(입력)▸(들 입)(힘 력) : 문자나 숫자 등 정보를 컴퓨터가 기억하게 하는 일.

67 日時(일시)▸(날 일)(때 시)
: 날짜와 시간을 아울러 이르는 말.
참 一時(일시)▸(한 일)(때 시) : 한때. 한동안. 잠시.

69 木手(목수)▸(나무 목)(손 수)
→ 여기에서 '手'자는 '(어떤 말 뒤에 붙어) 그것을 직업으로 하는 사람'의 뜻을 더하는 접미사입니다.

72 食前(식전)▸(먹을 식)(앞 전)
: ① 밥을 먹기 전. ② '아침밥을 먹기 전'이라는 뜻으로, '이른 아침'을 이르는 말.

81 文章(문장)▸(글월 문)(글 장)
→ '文(글월 문)'자의 '글월'은 '글'이나 '문장', 또는 '편지'를 이르는 말입니다.

88 女(계집 녀 : 총 3획)▸ 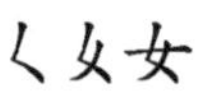

89 萬(일만 만 : 총13획)
▸ 

90 北(북녘 북 : 총 5획)▸ 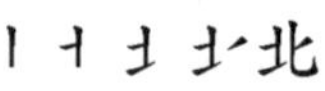

09회 예상문제 55쪽~57쪽

01	명태	02	지평	03	약초	04	고리
05	과학	06	사명	07	강도	08	감복
09	외현	10	휴교	11	장면	12	가사
13	하오	14	용례	15	특활	16	황색
17	표백	18	대신	19	온화	20	중병
21	야전	22	식수	23	반야	24	양식
25	등속	26	성공	27	번호	28	근친
29	신록	30	유화	31	춘설	32	식도락
33	재주 술	34	은 은	35	사라질 소	36	동산 원
37	다섯 오	38	아이 동	39	집 실	40	바를 정
41	약할 약	42	바다 해	43	재주 재	44	있을 재
45	열 개	46	뜰 정	47	이길 승	48	농사 농
49	익힐 습	50	놓을 방	51	의원 의	52	지아비 부
53	뜻 의	54	짧을 단	55	정할 정	56	부을 주
57	②	58	⑤	59	④	60	①
61	⑥	62	③	63	山所	64	先祖
65	同氣	66	記入	67	木工	68	電算
69	國力	70	手話	71	不足	72	便安
73	自動車	74	出口	75	住民	76	三百名
77	④	78	①	79	④	80	⑥
81	①	82	④	83	②	84	④
85	①	86	외국인이 한국에 옴				
87	바람처럼 떠도는 소문			88	②	89	⑦
90	⑤						

해설

02 地平(지평)▸(땅[따] 지)(평평할 평)
: ① 대지의 편평한 면. ② 지평선(地平線). ③'사물의 전망이나 가능성' 따위를 이르는 말.

04 高利(고리)▸(높을 고)(이할 리)
: 법정 이자나 보통의 이자보다 비싼 이자(利子).

07 強度(강도)▸(강할 강)(법도 도) : 센 정도.
→ 여기에서 '度'자는 '정도(분량이나 수준)'를 뜻합니다.

08 感服(감복)▸(느낄 감)(옷 복)
: 감동하여 진심으로 탄복(歎服)함.

09 外現(외현)▸(바깥 외)(나타날 현)
: 겉으로 나타남.

14 用例(용례)▸(쓸 용)(법식 례)
: 실제로 쓰고 있는 예. 전부터 써 오던 예.

17 表白(표백)▸(겉 표)(흰 백)
: 생각이나 태도 따위를 드러내어 밝히거나 말함.
참 漂白(표백)▸(떠다닐 표)(흰 백) : 종이나 피륙 따위를 바래지게 하거나 화학약품으로 탈색하여 희게 함.

23 半夜(반야)▸(반 반)(밤 야) : 한밤중.

24 洋式(양식)▸(큰바다 양)(법 식)
: 서양(西洋)의 양식(樣式)이나 격식(格式). 서양식.

28 近親(근친)▸(가까울 근)(친할 친)
: 8촌 이내의 일가붙이. 매우 친한 관계에 있음.

30 油畫(유화)▸(기름 유)(그림 화)
: 기름으로 갠 물감으로 그리는 그림.

32 食道樂(식도락)▸(먹을 식)(길 도)(즐길 락)
: 여러 가지 음식을 두루 먹어보는 것을 즐거움으로 삼는 일.
→ '道樂(도락)'은 '① 도를 깨달아 스스로 즐기는 일. ② 재미나 취미로 하는 일'을 이르는 말입니다.

45 '開(열 개)'자의 '열'은 '열다, 열리다, 꽃이 피다' 등을 뜻합니다.

52 '夫(지아비 부)'자의 '지아비'는 ① 웃어른 앞에서 '자기 남편'을 낮추어 이르는 말. ② '아내 있는 남자'를 예스럽게 이르는 말입니다.

56 '注(부을 주)'자의 '부을'은 '물대다, 붓다, 쏟다' 등을 뜻합니다.

57 '섣달'은 '음력으로 한 해의 마지막 달'을 이르는 말입니다.

58 冬至달(동짓달)▸(겨울 동)(이를지)
: 음력으로 열한 번째 달.

78 物心(물심)▸(물건 물)(마음 심)
: 물질적인 것과 정신적인 것.
→ '心'자와 서로 뜻이 상대되는 한자는 '物'자 이외에 '身(몸 신)'자도 있습니다.

79 千萬多幸(천만다행)
▸(일천 천)(일만 만)(많을 다)(다행 행)
→ 여기에서 '千萬'은 '아주', '전혀'를 뜻합니다.

88 內(안 내 : 총 4획)
▸ 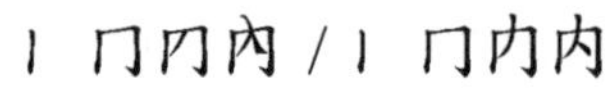

89 區(구분할 구 : 총11획)
▸ 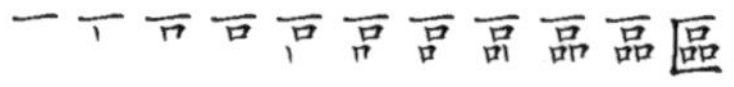

90 發(필 발 : 총12획)
▸ 

10회 예상문제 58쪽~60쪽

01	발광	02	근대	03	대외	04	사명
05	별세	06	활동	07	성형	08	공연
09	백설	10	선미	11	작년	12	제호
13	평화	14	공통	15	한의	16	현재
17	부하	18	의도	19	교감	20	실례
21	금은	22	서식	23	동심	24	중과
25	행운	26	성명	27	개경	28	체면
29	온도	30	시조	31	주문	32	풍습
33	뜰 정	34	이길 승	35	지경 계	36	차례 제
37	들을 문	38	많을 다	39	모을 집	40	뿌리 근
41	반 반	42	맑을 청	43	각각 각	44	설 립
45	옷 의	46	나눌 반	47	마을 촌	48	여름 하
49	말씀 화	50	겨울 동	51	짧을 단	52	겨레 족
53	기름 유	54	지을 작	55	쓸 용	56	동산 원
57	工場	58	家門	59	人間	60	教室
61	西海	62	農夫	63	車道	64	問答
65	左右	66	歌手	67	便紙	68	四時
69	植物	70	前後	71	數字	72	登校
73	食口	74	春秋	75	三八	76	軍旗
77	③	78	④	79	⑥	80	②
81	③	82	③	83	②	84	④
85	②	86	살아있는 (초목에서 꺾은) 꽃				
87	(새 집에) 들어가 삶			88	⑦	89	⑤
90	⑧						

해설

03 對外(대외)▸(대할 대)(바깥 외)
: '외부 또는 외국에 대함'을 나타내는 말.

07 成形(성형)▸(이룰 성)(모양 형) : ① 일정한 모양을 만듦. ② 신체의 어떤 부분을 고치거나 만듦.

08 空然(공연)▸(빌 공)(그럴 연) : '空然하다'의 어근으로, '아무 까닭이나 실속이 없음'을 이르는 말.

10 線美(선미)▸(줄 선)(아름다울 미) : 물결선(波線)이나 곡선(曲線)에서 선 자체의 아름다움.

15 韓醫(한의)▸(나라 한)(의원 의)
: 예로부터 우리나라에서 발달한 의술(醫術).

18 意圖(의도)▸(뜻 의)(그림 도)
: 무엇을 하고자 하는 생각이나 계획.
→ 여기에서 '圖'자는 '꾀하다'를 뜻합니다.

24 重科(중과)▸(무거울 중)(과목 과)
: 죄에 비하여 무거운 형벌.

27 開京(개경)▸(열 개)(서울 경)
: '개성(開城)'의 옛 이름. 고려의 태조 왕건이 왕위에 오른 이듬해에 궁궐을 새로 짓고 도읍지로 정한 곳이기도 합니다.

31 注文(주문)▸(부을 주)(글월 문)
: 상품을 만들거나 파는 사람에게 그 상품을 만들거나 보내어 달라고 부탁하는 일.

35 '界(지경 계)'자의 '지경(地境)'은 '지역의 구간을 가르는 경계' 또는 '어떤 처지나 형편'을 이르는 말입니다.

46 '班(나눌 반)'자의 부수는 '玉(구슬 옥)'자입니다. 그러나 글자 속에서는 '王(임금 왕)'자처럼 丶(점)이 생략됩니다. 글자 속 두 개의 '王(왕)'자 중에서 왼쪽은 부수인 '玉(옥)'자의 丶(점)을 생략한 것이고, 오른쪽은 그대로 '王(왕)'자입니다.

66 歌手(가수)▸(노래 가)(손 수)
→ 여기에서 '手'자는 '(어떤 말 뒤에 붙어) 그것을 직업으로 하는 사람'의 뜻을 더하는 접미사입니다.

68 四時(사시)▸(넉 사)(때 시)
: 봄・여름・가을・겨울의 네 철.

70 前後(전후)▸(앞 전)(뒤 후) : 앞과 뒤
→ 서로 뜻이 상대되는 한자로 결합된 반대자입니다.
→ '後'자와 서로 뜻이 상대되는 한자는 '前'자 이외에 '先(먼저 선)'자도 있습니다.

78 朝夕(조석)▸(아침 조)(저녁 석)
→ '朝'자와 서로 뜻이 상대되는 한자는 '夕'자 이외에 '野(들 야)'자도 있습니다.
※ '朝野(조야)'는 '정부와 민간'을 이르는 말입니다.

79 山高水長(산고수장)
▸(메 산)(높을 고)(물 수)(긴 장)
: '산은 높이 솟고 물은 길게 흐른다.'는 뜻으로, '인자(仁者)나 군자의 덕행이 높고 한없이 오래 전해짐'을 비유하여 이르는 말.

80 不遠千里(불원천리)
▸(아닐 불)(멀 원)(일천 천)(마을 리)
: '천 리 길도 멀다고 여기지 않는다'는 뜻으로, '먼 길을 열심히 달려가는 것'을 비유하여 이르는 말.

88 身(몸 신 : 총7획)▸ 

89 功(공 공 : 총5획)▸ 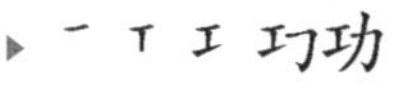

90 事(일 사 : 총8획)▸ 

11회 예상문제 61쪽~63쪽

01	문장	02	풍월	03	통신	04	합계
05	과목	06	행서	07	답례	08	실장
09	성공	10	석전	11	낙원	12	자습
13	직감	14	미음	15	출제	16	술수
17	안정	18	지형	19	표의	20	독자
21	승리	22	실신	23	공식	24	고도
25	수립	26	유선	27	하복	28	구별
29	개학	30	급사	31	녹야	32	양춘
33	누를 황	34	이름 호	35	강 강	36	다스릴 리
37	강할 강	38	지아비 부	39	떼 부	40	뿌리 근
41	겨울 동	42	대신할 대	43	흰 백	44	병 병
45	실과 과	46	빛 광	47	먼저 선	48	겨레 족
49	매양 매	50	공 구	51	향할 향	52	왼 좌
53	동녘 동	54	쓸 용	55	지경 계	56	기를 육
57	農事	58	山林	59	入住	60	青色
61	生氣	62	少年	63	下校	64	二重
65	孝女	66	外食	67	休日	68	祖父母
69	大韓民國	70	時間	71	同姓	72	不老草
73	手工	74	動物	75	登場	76	千金
77	④	78	③	79	②	80	④
81	②	82	①	83	③	84	①
85	④	86	몹시 기다림				
87	이름을 적음			88	④	89	③
90	②						

해설

02 風月(풍월) ▸ (바람 풍)(달 월)
: '청풍명월(淸風明月)' 또는 '음풍농월(吟風弄月)'의 준말로, 맑은 바람과 밝은 달, 즉 '자연의 아름다움'을 이르는 말.

06 行書(행서) ▸ (다닐 행)(글 서)
: 한자 서체(書體)의 하나로, 획을 약간 흘려 쓰는 해서(楷書)와 초서(草書)의 중간 서체.

10 石戰(석전) ▸ (돌 석)(싸움 전)
: 돌팔매질로 승부를 겨루는 우리나라 민속놀이의 한 가지.

11 樂園(낙원) ▸ (즐길 락)(동산 원)
: ① 아무런 괴로움이나 고통이 없이 안락하게 살 수 있는 곳. ②'고난과 슬픔 따위를 느낄 수 없는 곳'이라는 뜻에서, '죽은 뒤의 세계'를 이르는 말.

16 術數(술수) ▸ (재주 술)(셈 수)
: ① 길흉을 점치는 방법. ② 남을 속이기 위한 꾀.
→ 여기에서 '術'자와 '數'자는 모두 '꾀'를 뜻합니다.

19 表意(표의) ▸ (겉 표)(뜻 의)
: 문자나 부호로 말의 뜻을 나타내는 일.

23 公式(공식) ▸ (공평할 공)(법 식)
: ① 국가·사회적으로 인정된 공적인 방식.
② 틀에 박힌 형식이나 방식.

25 樹立(수립) ▸ (나무 수)(설 립)
: (제도·계획 따위를) 이룩하여 세움.
→ 여기에서 '樹'자는 '세우다'의 뜻을 나타냅니다.

30 急使(급사) ▸ (급할 급)(하여금 사)
: ① 급한 심부름. ② 급한 용무로 보내는 사람.

→ 여기에서 '使'자는 '사자(使者) : 심부름하는 사람'을 뜻합니다.

31 綠野(녹야)▸(푸를 록)(들 야) : 푸른 들판.
→ '綠'자는 본음이 '록'이나 단어의 첫머리에서는 두음법칙에 의해 '녹'으로 읽고 적습니다.

39 '部(떼 부)'자의 '떼'는 '무리'를 뜻하고, '時(때 시)'자의 '때'는 '시간'을 뜻합니다.

49 '每(매양 매)'자의 '매양'은 '언제나, 늘, 번번이' 등을 뜻합니다.

58 山林(산림)▸(메 산)(수풀 림)
: ① 산과 숲, 또는 산에 있는 숲. ② 학식과 덕이 높으나 벼슬을 하지 아니하고 초야에 묻혀 숨어 지내는 선비.

59 入住(입주)▸(들 입)(살 주)
: 새로 마련한 땅이나 집에 들어가 삶.

64 二重(이중)▸(두 이)(무거울 중) : 겹침. 두 겹.
→ 여기에서 '重'자는 '거듭'의 뜻을 나타냅니다.

72 不老草(불로초)▸(아닐 불)(늙을 로)(풀 초)
: 먹으면 늙지 않는다고 하는 약초.
→ '不老'와 '草'가 결합되어 만들어진 합성어.

76 千金(천금)▸(일천 천)(쇠 금)
: ① '많은 돈이나 비싼 값'을 비유하여 이르는 말. ② '매우 귀중한 가치'를 비유하여 이르는 말.
→ 여기에서 '金'은 (어떤 말 뒤에 붙어서) '돈'의 뜻을 더하는 접미사입니다.

88 平(평평할 평 : 총5획)▸ 

89 始(비로소 시 : 총8획)▸ 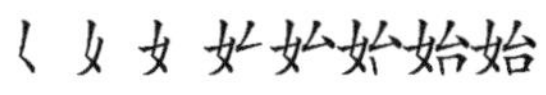

90 近(가까울 근 : 총8획)▸ 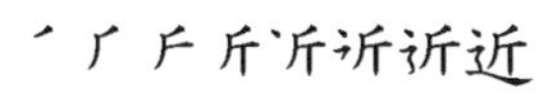

12회 예상문제

64쪽~66쪽

01	구근	02	승운	03	소실	04	신화
05	한약	06	특사	07	단신	08	천행
09	동회	10	후원	11	등급	12	애족
13	영문	14	전선	15	도술	16	화합
17	작자	18	편리	19	감복	20	본래
21	통로	22	다급	23	부분	24	청풍
25	선친	26	양약	27	가정	28	향학
29	강행	30	주례	31	사각	32	세습
33	놓을 방	34	할아비 조	35	집 당	36	어제 작
37	사귈 교	38	말미암을 유	39	은 은	40	열 개
41	아들 자	42	아홉 구	43	비로소 시	44	의원 의
45	쓸 고	46	돌이킬 반	47	실과 과	48	클 태
49	들 야	50	빛 광	51	길 영	52	차례 번
53	마당 장	54	머리 두	55	글 장	56	볕 양
57	農民	58	食事	59	電氣	60	內外
61	地方	62	生命	63	自然	64	海軍
65	校時	66	下山	67	出動	68	午前
69	王中王	70	千萬	71	名物	72	正面
73	全國	74	南北	75	手記	76	七夕
77	①	78	②	79	⑤	80	②
81	④	82	①	83	①	84	③
85	④	86	마음의 작용과 의식의 상태				
87	나무를 심음			88	⑤	89	⑥
90	⑨						

해설

01 球根(구근)▸(공　구)(뿌리 근)
: 알뿌리.(땅속에 있는 식물체의 뿌리나 줄기 또는 잎 따위가 달걀 모양으로 비대하여 양분을 저장한 것)

09 洞會(동회)▸(골　동)(모일 회) : ① 동네의 일을 협의하는 모임. ② 동사무소(洞事務所).

22 多急(다급)▸(많을 다)(급할 급)
: '다급하다'의 어근으로, 미처 어떻게 할 여유가 없을 만큼 일이 바싹 닥쳐서 매우 급함.

25 先親(선친)▸(먼저 선)(친할 친)
: 남에게 돌아가신 자기 아버지를 이르는 말. '선고(先考)·선부(先父)·선인(先人)·선군(先君)·선엄(先嚴)'이라고도 함.

28 向學(향학)▸(향할 향)(배울 학)
: 배움에 뜻을 두고 그 길로 나아감.

29 強行(강행)▸(강할 강)(다닐 행)
: ① 어려운 점을 무릅쓰고 행함 ② 강제로 시행함 ③ 마지못하여 억지로 행함.
→ 여기에서는 '強'자는 '억지로'를 뜻합니다.

31 死角(사각)▸(죽을 사)(뿔　각)
: ① 어느 각도에서도 보이지 않는 범위. ② 관심이나 영향이 미치지 못하는 범위.

32 世習(세습)▸(인간 세)(익힐 습)
: 세상의 풍습(風習).

38 '由(말미암을 유)'자의 '말미암다'는 '어떤 현상이나 사물 따위가 원인이나 이유가 되다', 또는 '일정한 곳을 거쳐 오다', '인연이 되다' 등을 이르는 말입니다.

60 內外(내외)▸(안　내)(바깥 외)
: ① 안과 밖. ② (수량을 나타내는 말 뒤에 쓰여) 약간 덜하거나 넘음. ③ 남자와 여자, 또는 그 차이. ④ 부부(夫婦).

66 下山(하산)▸(아래 하)(메　산)
: ① 산에서 내려옴. ② (깨달음을 얻거나 생활할 수 없어서) 산에서의 생활을 그만둠.

69 王中王(왕중왕)▸(임금 왕)(가운데 중)(임금 왕)
: 일정한 분야나 범위 안에서 으뜸이 되는 사람이나, 동물 가운데 가장 뛰어난 것.

70 千萬(천만)▸(일천 천)(일만 만)
: ①'천이나 만'이라는 뜻에서, '아주 많은 수효'를 이르는 말. ② 이를 데 없음, 또는 짝이 없음. ③ 아주, 전혀. ④ 남의 칭찬이나 사례에 대하여 사양할 때 당찮다는 뜻으로 쓰이는 말. ⑤ 남의 주장에 대하여 부정할 때 하는 말.
→ 여기에서는 ④의 뜻입니다.

71 名物(명물)▸(이름 명)(물건 물)
: ① 한 지방의 특산물. ② 특유한 것으로 이름이 나 있는 사람이나 사물.

75 手記(수기)▸(손　수)(기록할 기)
: ① 자기의 체험을 자신이 직접 쓴 글. ② 글이나 글씨를 자기 손으로 직접 씀.

76 七夕(칠석)▸(일곱 칠)(저녁 석)
: 음력 칠월 초이렛날의 밤.

78 新古(신고)▸(새　신)(예　고)
→ '新'자와 서로 뜻이 상대되는 한자는 '古'자 이외에 '舊(예 구)'자도 있습니다.

88 衣(옷　의 : 총 6획) ▸ 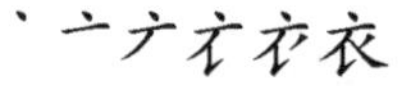

89 弟(아우 제 : 총 7획) ▸ 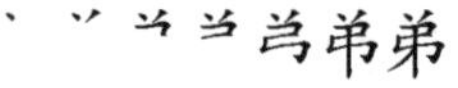

90 紙(종이 지 : 총10획)
▸ 

13회 예상문제 67쪽~69쪽

01	근동	02	훈장	03	전차	04	화급
05	명명	06	신호	07	내당	08	교대
09	하급	10	병고	11	공간	12	문답
13	예악	14	강남	15	풍문	16	친족
17	장면	18	이용	19	설야	20	황해
21	명백	22	상경	23	동의	24	유지
25	부재	26	태반	27	후광	28	다독
29	양각	30	지도	31	선두	32	작업
33	나무 수	34	밤 야	35	무리 등	36	재주 술
37	공 공	38	화할 화	39	학교 교	40	여름 하
41	높을 고	42	쉴 휴	43	말미암을 유	44	뜰 정
45	장인 공	46	약 약	47	느낄 감	48	모양 형
49	모일 사	50	다행 행	51	쌀 미	52	오얏 리
53	지경 계	54	셀 계	55	제목 제	56	동산 원
57	入口	58	住所	59	農村	60	登山
61	主食	62	草木	63	天然	64	出土
65	正午	66	活動	67	家電	68	百萬
69	來日	70	直前	71	市外	72	自手
73	少數	74	年老	75	立秋	76	安全
77	②	78	③	79	④	80	③
81	②	82	④	83	④	84	②
85	①	86	이길 수 있는 가능성				
87	사실을 적음			88	⑥	89	⑥
90	⑤						

해설

01 近洞(근동)▸(가까울 근)(골 동)
: 가까운 이웃 동네.

04 火急(화급)▸(불 화)(급할 급)
: (걷잡을 수 없이 타는 불처럼) 매우 급함.

05 命名(명명)▸(목숨 명)(이름 명)
: 사람・사물・사건 따위의 대상에 이름을 지어 붙임.

07 內堂(내당)▸(안 내)(집 당)
: 안방. 안주인이 거처하는 방.

13 禮樂(예악)▸(예도 례)(노래 악)
: 예법(禮法)과 음악(音樂)을 아울러 이르는 말.
→ '禮'자는 본음이 '례'이나 단어의 첫머리에서는 두음법칙에 의해 '예'로 읽고 적습니다.

20 黃海(황해)▸(누를 황)(바다 해)
: 한반도와 중국에 둘러싸인 바다.[북으로는 발해, 남으로는 동중국해(東中國海)와 이어진다.]

27 後光(후광)▸(뒤 후)(빛 광)
: ① 부처나 예수의 몸 뒤로부터 내비치는 빛, 또는 그것을 형상화한 불화(佛畫)나 성화(聖畫) 중의 인물을 감싸는 금빛. ② 인물 또는 사물을 더욱 빛나게 하는 배경.

29 陽角(양각)▸(볕 양)(뿔 각)
: 삼각법(三角法)에서, 각을 낀 두 직선 중의 한 직선이 시계 방향과 반대 방향으로 돌아서 생기는 각. 정각(正角)이라고도 함.

52 '李(오얏 리)'자의 '오얏'은 '자두열매'의 잘못. (살구보다 조금 크고 복숭아보다는 조금 작으며 맛은 시큼하며 달콤함.)

61 主食(주식)▸(주인 주)(먹을 식)

: 밥이나 빵과 같이 평소에 끼니에 주로 먹는 음식.

63 天然(천연)▸(하늘 천)(그럴 연)
: ① 사람의 힘을 가하지 아니한 자연 그대로의 상태. ② 사람의 힘으로 변화시킬 수 없는 상태.

64 出土(출토)▸(날 출)(흙 토)
: 땅속에 묻혀 있던 것이 저절로 밖으로 나오거나 그것을 파냄.

72 自手(자수)▸(스스로 자)(손 수)
: 자기 혼자의 노력이나 힘.

73 少數(소수)▸(적을 소)(셈 수) : 적은 수효.
참 小數(소수) : 0보다 크고 1보다 작은 실수(實數).

74 年老(연로)▸(해 년)(늙을 로)
: 나이가 들어서 늙음. '연고(年高)'라고도 함.
→ '年'자는 본음이 '년'이나 단어의 첫머리에서는 두음법칙에 의해 '연'으로 읽고 적습니다.

75 立秋(입추)▸(설 립)(가을 추)
: '대서(大暑)'와 '처서(處暑)' 사이로, 이때부터 가을이 시작된다는 이십사절기의 하나.
→ 여기에서 '立'자는 '서다, 나타나다, 정해지다' 등을 뜻합니다.

80 八方美人(팔방미인)
▸(여덟 팔)(모 방)(아름다울 미)(사람 인)
→ 여기에서 '八方'은 '여러 방향, 또는 여러 방면'을 뜻합니다.

88 開(열 개 : 총12획)
▸ 丨 ㄱ ㄱ ㄱ 門 門 門 門 門 閂 開 開

89 成(이룰 성 : 총 7획)
▸ 丿 厂 万 成 成 成 成

90 服(옷 복 : 총 8획)
▸ 丿 刀 月 月 月 服 服 服

14회 예상문제 70쪽~72쪽

01	체온	02	각도	03	육림	04	주입
05	반문	06	손녀	07	정초	08	야구
09	신세	10	전기	11	재경	12	친근
13	신통	14	해구	15	금석	16	발병
17	현물	18	공공	19	영주	20	급행
21	등수	22	신록	23	강약	24	노선
25	호외	26	이자	27	의복	28	교감
29	영명	30	낙원	31	직면	32	화술
33	겉 표	34	놓을 방	35	대답 답	36	머리 두
37	재주 재	38	볕 양	39	마디 촌	40	대신할 대
41	실과 과	42	글월 문	43	노래 가	44	가르칠 훈
45	지경 계	46	나눌 반	47	이름 명	48	떼 부
49	날랠 용	50	자리 석	51	뜻 의	52	빌 공
53	익힐 습	54	아홉 구	55	향할 향	56	구름 운
57	每年	58	農土	59	教室	60	主人
61	老母	62	自動	63	手足	64	時間
65	百姓	66	左右	67	五色	68	先後
69	西北	70	大地	71	洞里	72	家門
73	安心	74	青天	75	市場	76	活字
77	①	78	③	79	⑥	80	③
81	①	82	③	83	③	84	②
85	②	86	모든 힘	87	학교가 업무를 한동안 쉼		
88	①	89	⑥	90	⑤		

해설

03 育林(육림)▸(기를 육)(수풀 림)
: 산이나 들에 계획적으로 나무를 심거나 씨를 뿌려 숲을 가꾸는 일.

07 庭草(정초)▸(뜰 정)(풀 초) : 뜰에 난 풀.

09 身世(신세)▸(몸 신)(인간 세)
: ① 사람의 처지나 형편. ② 남에게 도움을 받거나 괴로움을 끼치는 일.
→ ①의 뜻으로 쓰일 때에는 한자를 '身勢(몸 신, 형세 세)'라고도 씁니다.

11 在京(재경)▸(있을 재)(서울 경) : 서울에 있음.

14 海區(해구)▸(바다 해)(구분할 구)
: 바다 위에 설정한 구역.

15 今夕(금석)▸(이제 금)(저녁 석) : 오늘 저녁.

17 現物(현물)▸(나타날 현)(물건 물)
: ① 현재 있는 물건. ② 금전 이외의 물품.

24 路線(노선)▸(길 로)(줄 선)
: ① 자동차 · 기차 · 비행기 따위와 같이 일정한 지점을 정해 놓고 다니는 길. ② 개인 · 조직 따위가 일정한 목표를 실현하기 위해 지향하는 활동 방침.
→ '路'자는 본음이 '로'이나 단어의 첫머리에서는 두음법칙에 의해 '노'로 읽고 적습니다.

25 號外(호외)▸(이름 호)(바깥 외)
: ① 특별한 일이 있을 때에 임시로 발간하는 신문 따위의 인쇄물. ② 일정한 수나 번호 밖에 덧붙인 것.

29 英明(영명)▸(꽃부리 영)(밝을 명)
: 뛰어나게 지혜롭고 총명함.

30 樂園(낙원)▸(즐길 락)(동산 원)
→ '樂'자는 본음이 '락'이나 단어의 첫머리에서는 두음법칙에 의해 '낙'으로 읽고 적습니다.

32 話術(화술)▸(말씀 화)(재주 술) : 말재주.

39 '寸(마디 촌)'자는 '才(재주 재)'자와 모양이 비슷하여 혼동하기 쉬운 글자입니다.

52 '空(빌 공)'자의 '빌'은 '비다, 하늘, 내실이 없다, 부질없이' 등을 뜻합니다.

70 大地(대지)▸(큰 대)(땅[따] 지)
: ① 대자연의 넓고 큰 땅. ② 좋은 묏자리.

71 洞里(동리)▸(골 동)(마을 리)
: 행정구역의 최소 구획인 '동(洞)'과 '리(里)'를 이르는 데에서, 보통 '마을'을 뜻합니다.

78 生死(생사)▸(날 생)(죽을 사)
→ '死'자와 서로 뜻이 상대되는 한자는 '生'자 이외에 '活(살 활)'자도 있습니다.

81 計算(계산)▸(셀 계)(셈 산)
→ '算'자와 서로 뜻이 비슷한 한자는 '計'자 이외에 '數(셈 수)'자도 있습니다.

83 所(바 소) ≠ 消(사라질 소)

84 食(먹을 식) ≠ 式(법 식)

85 形(모양 형) ≠ 兄(형 형)

88 少(적을 소 : 총4획)
▸ 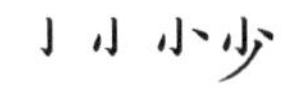

89 來(올 래 : 총8획)
▸ 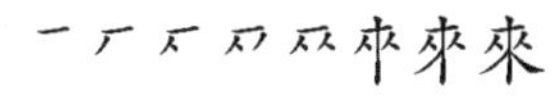

90 由(말미암을 유 : 총5획)
▸ 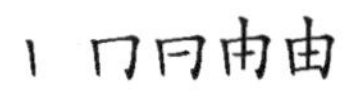

15회 예상문제 73쪽~75쪽

01	속도	02	정과	03	원양	04	본부
05	만전	06	영재	07	수학	08	등신
09	운명	10	신작	11	고대	12	재래
13	집체	14	행동	15	향후	16	친교
17	공유	18	창문	19	의약	20	편안
21	신당	22	방식	23	음식	24	대로
25	병실	26	군읍	27	특정	28	표제
29	금은	30	낙승	31	감광	32	독서
33	할아비 조	34	그럴 연	35	풀 초	36	급할 급
37	일천 천	38	종이 지	39	클 태	40	익힐 습
41	각각 각	42	농사 농	43	나눌 분	44	업 업
45	나타날 현	46	반 반	47	글 장	48	서울 경
49	비로소 시	50	길 도	51	아이 동	52	모양 형
53	볕 양	54	물건 물	55	다스릴 리	56	들 야
57	入手	58	市內	59	山林	60	姓名
61	午前	62	南村	63	王家	64	住民
65	立冬	66	日氣	67	空間	68	年老
69	外出	70	同時	71	世上	72	重力
73	休校	74	天下	75	兄弟	76	工事
77	④	78	④	79	②	80	⑤
81	②	82	③	83	②	84	①
85	③	86	속셈	87	바다 위의 거리 단위		
88	③	89	④	90	③		

해설

02 正果(정과)▸(바를 정)(실과 과)
: 온갖 과일・생강・연근・인삼 따위를 꿀이나 설탕물에 졸여 만든 음식.

08 等身(등신)▸(무리 등)(몸 신)
: 자기의 키와 같은 높이.

15 向後(향후)▸(향할 향)(뒤 후) : 이다음. 이번의 다음. 이것에 뒤이어 오는 때나 자리.

17 共有(공유)▸(한가지 공)(있을 유) : 두 사람 이상이 한 물건을 공동(共同)으로 소유(所有)함.
→ 여기에서 '有'자는 '소유'를 뜻합니다.

22 方式(방식)▸(모 방)(법 식)
: 일정한 방법이나 형식.
→ 여기에서 '方'자는 '방법'을 뜻합니다.

31 感光(감광)▸(느낄 감)(빛 광)
: ① 물질이 빛을 받아 화학적 변화를 일으킴.
② (사진에서) 필름에 바른 감광제에 빛을 쬐어 잠상(潛像)을 만듦.

34 '然(그럴 연)'자의 부수는 '火(불 화)'자이나 글자 속에서는 '灬'자처럼 변형되어 쓰입니다.

49 '始(비로소 시)'자의 '비로소'는 '어떤 사건이나 사태가 있고 난 뒤에서야 처음으로 시작함'을 뜻합니다.

54 '物(물건 물)'자는 '牛(소 우)'자와 '勿(말 물)'자를 결합하여 만든 글자입니다. '牛'자는 독립적으로 쓸 때에는 '丨(뚫을 곤)'자를 맨 나중인 네 번째에 쓰지만, '物'자에서 쓰일 때에는 세 번째에 씁니다.
참 牛 ▸ ′ ⺧ 牛 牛 　物 ▸ ⺧ 牛 牜 牞 物

55 '理(다스릴 리)'자의 부수는 '玉(구슬 옥)'자이나

글자 속에서는 '王'처럼 '丶(점)'이 생략되어 쓰입니다.

57 入手(입수)▸(들 입)(손 수)
: 손에 들어오거나 손에 넣음.

63 王家(왕가)▸(임금 왕)(집 가)
: 왕의 집안. 왕실.
→ 여기에서 '家'자는 '家門(가문)'의 뜻을 더하는 접미사입니다.

65 立冬(입동)▸(설 립)(겨울 동)
→ 여기에서 '立'자는 '서다, 나타나다, 정해지다' 등을 뜻합니다.

66 日氣(일기)▸(날 일)(기운 기) : 날씨.
참 日記(일기) : 날마다 그날그날 겪은 일이나 생각·느낌 따위를 적은 개인의 기록.

73 休校(휴교)▸(쉴 휴)(학교 교)
: 학교, 또는 학생이 학교에서 업무나 수업을 한동안 쉼.

74 天下(천하)▸(하늘 천)(아래 하)
: 하늘 아래 온 세상.

77 春秋(춘추)▸(봄 춘)(가을 추)
: ① 봄과 가을 ② 지구가 태양을 한 바퀴 도는 동안 ③ 어른의 나이.

80 晝夜長川(주야장천)
▸(낮 주)(밤 야)(긴 장)(내 천)
: 밤낮으로 쉬지 아니하고 연달아.
→ '晝夜'는 서로 뜻이 상대되는 한자로 결합된 반대자입니다.

88 方(모 방 : 총 4획)▸ 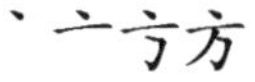

89 中(가운데 중 : 총 4획)▸ 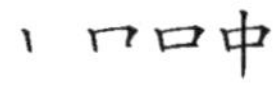

90 電(번개 전 : 총13획)
▸ 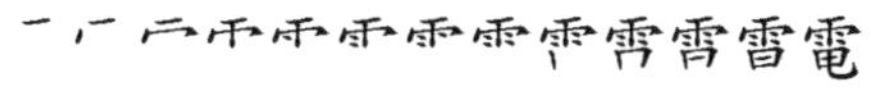

6급 한자능력검정시험 정답 및 해설

01회 기출 · 예상문제 111쪽~113쪽

01	만감	02	대리	03	동창	04	정원
05	각계	06	구두	07	병석	08	선례
09	예복	10	특색	11	집계	12	사력
13	매번	14	급속	15	본연	16	편리
17	남향	18	활기	19	등급	20	공개
21	용도	22	현금	23	독자	24	시작
25	고락	26	소실	27	미술	28	화답
29	반성	30	통로	31	강풍	32	대설
33	조국	34	이길 승	35	있을 재	36	놓을 방
37	봄 춘	38	오를 등	39	뿌리 근	40	지아비 부
41	여름 하	42	설 립	43	공 구	44	마실 음
45	믿을 신	46	꽃 화	47	이룰 성	48	손 수
49	말미암을 유	50	무거울 중	51	날랠 용	52	뜻 의
53	곧을 직	54	들 야	55	들을 문	56	電話
57	世上	58	休日	59	出動	60	名物
61	後記	62	年間	63	平生	64	自足
65	空白	66	百姓	67	安住	68	王室
69	母校	70	三面	71	入場	72	教育
73	午前	74	秋夕	75	命中	76	②
77	④	78	①	79	⑤	80	④
81	①	82	③	83	①	84	③
85	④	86	어린이(아이)의 마음			87	나무를 심음
88	②	89	⑨	90	④		

해설

01 萬感(만감)▸(일만 만)(느낄 감)
: 솟아오르는 온갖 느낌.
→ 여기에서 '萬'자는 '온갖, 모든'을 뜻합니다.

02 代理(대리)▸(대신할 대)(다스릴 리)
: 남을 대신하여 일을 처리함 또는 그런 사람.
→ 여기에서 '理'자는 '처리하다, 마무리 짓다'를 뜻합니다.

03 東窓(동창)▸(동녘 동)(창 창) : 동쪽으로 난 창.
→ 동음이의어 '동창(同窓 : 같은 학교에서 공부를 한 사이)'과 혼동하기 쉬우니 주의!

05 各界(각계)▸(각각 각)(지경 계) : 사회의 각 분야.
→ 여기에서 '界'자는 '세계, 지경, 분야'를 뜻합니다.

06 口頭(구두)▸(입 구)(머리 두)
: 마주 대하여 입으로 하는 말.
→ 여기에서 '頭'자는 '접미사'로 어근이나 단어의 뒤에 붙어 새로운 단어가 되게 하는 말입니다.

08 先例(선례)▸(먼저 선)(법식 례)
: 이전부터 있었던 일의 예.
→ 여기에서 '先'자는 '옛날, 이전(以前)'을 뜻하고, '例'자는 '본보기가 될 만한 사물'을 뜻합니다.

09 禮服(예복)▸(예도 례)(옷 복) : 의식을 치르거나 특별히 예절을 차릴 때에 입는 옷.
→ '禮'자는 본음이 '례'이나 여기에서는 두음법칙에 따라 '예'로 읽고 적습니다.

20 公開(공개)▸(공평할 공)(열 개)
: 여러 사람에게 널리 터놓거나 개방함.
→ 여기에서 '公'자는 '여러, 여러 사람'을 뜻합니다.

21 用度(용도)▸(쓸 용)(법도 도)
: 씀씀이. 쓰임쓰임.
→ 여기에서 '度'자는 '정도(程度), 알맞은 한도(限度), 수량'을 뜻합니다.

22 現金(현금)▸(나타날 현)(쇠 금)
: 현재 가지고 있는 돈.
→ 여기에서 '現'자는 '현금, 현재'를 뜻합니다.

28 和答(화답)▸(화할 화)(대답 답)
: 시(詩)나 노래에 응하여 대답함.
→ 여기에서 '和'자는 '가락 맞추다, 화답하다'를 뜻합니다.

49 '由'자의 뜻인 '말미암다'는 '원인이나 이유가 되다'를 뜻합니다.

71 入場(입장)▸(들 입)(마당 장)
: 장내(場內)로 들어감.
→ 동음이의어 '입장(立場 : 처해 있는 상황이나 형편)'과 혼동하기 쉬우니 주의!

75 命中(명중)▸(목숨 명)(가운데 중)
: 화살이나 총알 따위가 겨냥한 곳에 바로 맞음.
→ 여기에서 '命'자는 '표적(標的)'을 뜻하고, '中'자는 '과녁에 맞거나 예상이 실제와 일치하는 것'을 뜻합니다.

88 所(바 소 : 총8획)
▸ 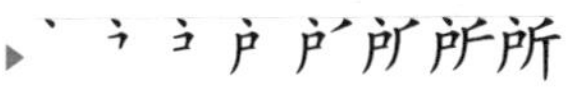

89 食(먹을 식 : 총9획)
▸ 

90 弟(아우 제 : 총7획)
▸ 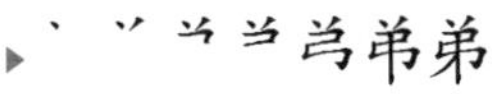

02회 기출 · 예상문제 114쪽~116쪽

01	승전	02	소신	03	식사	04	지구
05	신체	06	온도	07	편안	08	전선
09	동창	10	신화	11	사자	12	주유
13	감동	14	공장	15	약용	16	민족
17	계산	18	신록	19	친애	20	성공
21	개발	22	영재	23	의과	24	용기
25	등산	26	사별	27	업고	28	조석
29	서식	30	영원	31	태양	32	시속
33	물리	34	화할 화	35	심을 식	36	들을 문
37	뜻 의	38	모양 형	39	비로소 시	40	놓을 방
41	나눌 반	42	향할 향	43	이름 호	44	다행 행
45	눈 설	46	특별할 특	47	마실 음	48	급할 급
49	그럴 연	50	나타날 현	51	뿔 각	52	잃을 실
53	고을 군	54	지을 작	55	말미암을 유	56	中間
57	自家	58	江村	59	世上	60	重大
61	洞里	62	左右	63	海軍	64	正答
65	午前	66	百萬	67	每日	68	來年
69	手足	70	市內	71	花草	72	直立
73	祖母	74	春秋	75	青色	76	④
77	③	78	①	79	②	80	③
81	④	82	③	83	④	84	①
85	③	86	교실 / 教室	87	유명 / 有名	88	⑦
89	④	90	⑨				

해설

02 所信(소신)▸(바　소)(믿을 신)
: 자기가 믿고 있는 바.
→ 여기에서 '所'자는 '앞에서 말한 내용 그 자체나 일 따위를 나타내는 말'을 뜻합니다.

10 神話(신화)▸(귀신 신)(말씀 화)
: 국가의 기원이나 신의 사적에 대하여 고대인의 생각이 반영된 신성한 이야기.

11 使者(사자)▸(하여금 사)(놈　자)
: 명령이나 부탁으로 심부름을 하는 사람.

15 藥用(약용)▸(약　약)(쓸　용) : 약으로 씀.

17 計算(계산)▸(셀　계)(셈　산)
→ 서로 뜻이 비슷한 한자로 결합된 유의자입니다. '算'자와 서로 뜻이 비슷한 한자는 '計'자 이외에 '數(셈 수)'자도 있습니다.

18 新綠(신록)▸(새　신)(푸를 록)
: 늦봄이나 초여름에 새로 나온 잎들이 띤 연한 초록빛.

23 醫科(의과)▸(의원 의)(과목 과)
: 대학에서, 건강 증진 등에 필요한 의학 기술을 전공하는 학과.

26 死別(사별)▸(죽을 사)(다를 별)
: 죽어서 이별함.
→ 여기에서 '別'자는 '헤어짐'을 뜻합니다.

27 業苦(업고)▸(업　업)(쓸　고)
: 전세에 저지른 악업(惡業)으로 말미암아 받는 현세의 괴로움.

28 朝夕(조석)▸(아침 조)(저녁 석)
→ 서로 뜻이 상대되는 한자로 결합된 한자어입니다. '朝'자와 서로 뜻이 상대되는 한자는 '夕'자 이외에 '野(들 야)'자도 있습니다.
참 '朝野(조야)'는 '정부와 민간'을 이르는 말입니다.

30 永遠(영원)▸(길　영)(멀　원)
→ 서로 뜻이 비슷한 한자로 결합된 유의자입니다.
→ 여기에서 '永'자는 '길다, 오래다, 멀다' 등을 뜻합니다.

60 重大(중대)▸(무거울 중)(큰　대)
: 가볍게 여길 수 없을 만큼 매우 중요하고 큼.
→ 여기에서 '重'자는 '중히 여기다, 중요하다'를 뜻합니다.

61 洞里(동리)▸(골　동)(마을 리)
: 행정구역의 최소 구획인 '동(洞)'과 '리(里)'를 뜻하는 데에서, 보통 '마을'을 이르기도 합니다.

68 來年(내년)▸(올　래)(해　년)
→ '來'자는 본음이 '래'이나 단어의 첫머리에서는 두음법칙에 의해 '내'로 읽고 적습니다.

70 市內(시내)▸(저자 시)(안　내)
→ '內'자는 서체에 따라 글자의 모양이 다르게 쓰이나 모두 인정합니다. 참 內 = 内

74 春秋(춘추)▸(봄　춘)(가을 추)
: ① 봄과 가을. ② 어른의 나이.
→ 서로 뜻이 상대되는 한자로 결합된 반대자입니다.

88 昨(어제 작 : 총 9획)
: 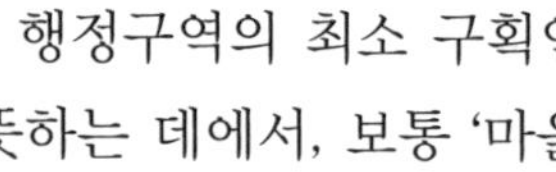

89 省(살필 성 / 덜 생 : 총 9획)
: 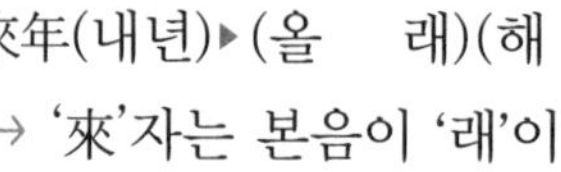

90 園(동산 원 : 총13획)
: 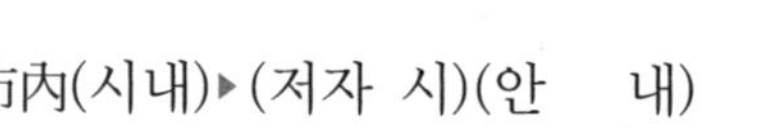

03회 기출 · 예상문제 117쪽~119쪽

01	특색	02	선친	03	온도	04	민심
05	발표	06	교감	07	다행	08	이유
09	두각	10	복용	11	승산	12	일례
13	근본	14	개시	15	신문	16	유리
17	분업	18	등장	19	백기	20	신화
21	석양	22	강약	23	지구	24	구별
25	속행	26	주야	27	노선	28	원근
29	전부	30	천명	31	만물	32	제목
33	수은	34	눈 설	35	곧을 직	36	마실 음
37	놓을 방	38	잃을 실	39	뜰 정	40	쌀 미
41	때 시	42	합할 합	43	아이 동	44	날랠 용
45	뜻 의	46	이제 금	47	쉴 휴	48	기를 육
49	나타날 현	50	나무 수	51	자리 석	52	심을 식
53	동산 원	54	꽃부리 영	55	믿을 신	56	內面
57	父母	58	海軍	59	農村	60	左右
61	人工	62	家口	63	空間	64	春秋
65	午前	66	活氣	67	孝道	68	校歌
69	老年	70	主食	71	自足	72	後記
73	八寸	74	不便	75	外來	76	③
77	④	78	②	79	③	80	⑤
81	①	82	④	83	②	84	④
85	①	86	손으로 움직임			87	이름난 곳
88	⑨	89	③	90	⑤		

해설

01 特色(특색) ▸ (특별할 특)(빛 색)
: 보통의 것과 다른 점.

02 先親(선친) ▸ (먼저 선)(친할 친)
: 남에게 돌아가신 자기 아버지를 이르는 말.

03 溫度(온도) ▸ (따뜻할 온)(법도 도)
: 따뜻함과 차가움의 정도.
→ 여기에서 '度'자는 '정도'를 뜻합니다.

08 理由(이유) ▸ (다스릴 리)(말미암을 유)
: ① 어떠한 결론이나 결과에 이른 까닭이나 근거. ② 구실이나 변명.
→ '理'자는 본음이 '리'이나 여기에서는 두음법칙에 따라 '이'로 읽고 적습니다.

09 頭角(두각) ▸ (머리 두)(뿔 각)
: ① 짐승의 머리에 있는 뿔. ② 뛰어난 학식이나 재능.

10 服用(복용) ▸ (옷 복)(쓸 용)
: 약을 먹음. 복약(服藥)
→ 여기에서 '服'자는 '약을 먹다'를 뜻합니다.

12 一例(일례) ▸ (한 일)(법식 례) : 하나의 보기.

13 根本(근본) ▸ (뿌리 근)(근본 본)
: ① 초목의 뿌리. ② 사물의 본질이나 본바탕.
→ '根本'은 서로 뜻이 비슷한 한자로 결합된 유의자입니다.

14 開始(개시) ▸ (열 개)(비로소 시)
: 행동이나 일 따위를 시작함.

24 區別(구별) ▸ (구분할 구)(다를 별)
: 성질이나 종류에 따라 차이가 남.
→ '區別'은 서로 뜻이 비슷한 한자로 결합된 한자어입니다.

27 路線(노선) ▸ (길 로)(줄 선)
: ① 두 지점을 정기적으로 오가는 교통선. ② 지향하여 나가는 견해의 방향이나 행동 방침.
→ '路'자는 본음이 '로'이나 여기에서는 두음법칙에 따라 '노'로 읽고 적습니다.

30 天命(천명) ▸ (하늘 천)(목숨 명)
: ① 타고난 수명. ② 타고난 운명. ③ 하늘의 명령.

32 題目(제목) ▸ (제목 제)(눈 목)
: 작품이나 강연 따위에 붙이는 이름.
→ 여기에서 '目'자는 '이름'을 뜻합니다.

33 水銀(수은) ▸ (물 수)(은 은)
: 상온에서 유일하게 액체 상태로 있는 은백색의 금속 원소. 독성이 있으며 질산에 쉽게 녹는다.

61 人工(인공) ▸ (사람 인)(장인 공)
: 사람의 힘으로 자연물과 같은 것을 만들어내는 일.

62 家口(가구) ▸ (집 가)(입 구)
: ① 집안 식구. ② 집안의 사람 수. 세대(世代).

71 自足(자족) ▸ (스스로 자)(발 족)
: 스스로 넉넉함을 느낌.
→ 여기에서 '足'자는 '넉넉하다'를 뜻합니다.

72 後記(후기) ▸ (뒤 후)(기록할 기)
: ① 본문 끝에 덧붙여 기록함. ② 뒷날의 기록.

84 成(이룰 성) ≠ 省(살필 성 / 덜 생)

85 計(셀 계) ≠ 界(지경 계)

88 語(말씀 어 : 총14획)
▸ 필순 (stroke order) 1–14

89 電(번개 전 : 총13획)
▸ 필순 (stroke order) 1–13

90 邑(고을 읍 : 총 7획)
▸ 필순 (stroke order) 1–7

04회 기출 · 예상문제 120쪽~122쪽

01	소문	02	의복	03	태양	04	노인
05	이유	06	주야	07	반구	08	수족
09	교육	10	용기	11	집합	12	부모
13	친족	14	약소	15	화원	16	세습
17	통로	18	평화	19	풍향	20	공석
21	대양	22	신식	23	현재	24	개방
25	동자	26	미술	27	국가	28	애용
29	실언	30	대신	31	음식	32	감도
33	승전	34	지을 작	35	머리 두	36	마디 촌
37	돌이킬 반	38	편안 안	39	살 주	40	쌀 미
41	쓸 고	42	흰 백	43	빠를 속	44	구분할 구
45	한가지 공	46	급할 급	47	무리 등	48	눈 설
49	이제 금	50	올 래	51	오를 등	52	일천 천
53	그림 도	54	바깥 외	55	기록할 기	56	맑을 청
57	百方	58	先後	59	電話	60	祖上
61	土地	62	時間	63	休日	64	南北
65	草木	66	活動	67	自然	68	春秋
69	場面	70	山林	71	兄弟	72	長男
73	農村	74	每月	75	東海	76	學校
77	①	78	②	79	②	80	④
81	④	82	②	83	③	84	②
85	①	86	이중 / 二重	87	소화 / 消火	88	⑪
89	⑥	90	③				

해설

07 半球(반구) ▸ (반 반)(공 구)
: '구(球)', 또는 '지구면(地球面)'의 중심을 지나는 하나의 평면으로, '구(球)'를 두 쪽으로 나누었을 때의 한 부분.

14 弱小(약소) ▸ (약할 약)(작을 소) : 약하고 작음.

16 世習(세습) ▸ (인간 세)(익힐 습)
: 세상(世上)의 풍습(風習).

18 平和(평화) ▸ (평평할 평)(화할 화)
→ 서로 뜻이 비슷한 한자로 결합된 한자어입니다.

19 風向(풍향) ▸ (바람 풍)(향할 향)
: 바람의 방향(方向).

21 大洋(대양) ▸ (큰 대)(큰바다 양)
: 태평양・인도양・대서양・북빙양・남빙양, 즉 오대양처럼 넓은 해역을 차지하는 대규모의 바다.

29 失言(실언) ▸ (잃을 실)(말씀 언)
: 실수로 잘못 말함. 말실수.

32 感度(감도) ▸ (느낄 감)(법도 도)
: ① 외부의 자극이나 작용에 대하여 느끼는 정도. ② 수신기・측정기 따위가 전파나 소리 등에 대한 반응의 정도. ③ 필름・인화지 따위가 빛을 느끼는 정도.
→ 여기에서 '度'는 '어떠한 정도나 한도'를 뜻합니다.

36 '寸(마디 촌)'자는 ① 친족 관계를 나타내는 단위. ② 길이의 단위('寸'은 '치'라고도 한다. 한 치는 한 자의 10분의 1로, 길이는 약 3.33cm에 해당함) 등을 나타내는데 쓰입니다.

37 '反(돌이킬 반)'자의 '돌이키다'는 '① 방향을 반대쪽으로 돌리다. ② 지난 일을 다시 생각하다. ③ 마음을 바꾸어 달리 생각하다. ④ 원래의 상태로 돌아가다' 등을 뜻합니다.

49 '今(이제 금)'자는 '令(하여금 령)'자와 혼동하기 쉬운 글자입니다.

52 '千(일천 천)'자는 '干(방패 간)'자와 혼동하기 쉬운 글자입니다.

57 百方(백방) ▸ (일백 백)(모 방)
: 여러 방면. 온갖 방법.
→ 여기에서 '百'자는 '여러, 온갖' 등을 뜻합니다.

58 先後(선후) ▸ (먼저 선)(뒤 후)
→ 서로 뜻이 상대되는 한자로 결합된 반대자입니다.
→ '後'자와 서로 뜻이 상대되는 한자는 '先'자 이외에 '前(앞 전)'자도 있습니다.

79 門前成市(문전성시)
▸ (문 문)(앞 전)(이룰 성)(저자 시)
: '집 문 앞이 시장을 이룬다.'는 뜻에서, '찾아오는 사람이 많음.'을 이르는 말.

80 九死一生(구사일생)
▸ (아홉 구)(죽을 사)(한 일)(날 생)
: '아홉 번 죽을 뻔하다 한 번 살아난다.'는 뜻에서, '죽을 고비를 여러 차례 넘기고 겨우 살아남.'을 이르는 말.

82 堂室(당실) ▸ (집 당)(집 실)
: 한 울타리 안의 여러 채의 집과 방.

88 野(들 야 : 총11획)
▸ 

89 班(나눌 반 : 총10획)
▸ 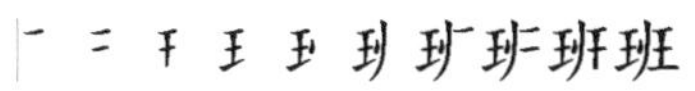

90 表(겉 표 : 총 8획)
▸ 

05회 기출 · 예상문제 123쪽~125쪽

01	운수	02	청명	03	공원	04	동향
05	구속	06	정주	07	작업	08	성공
09	온화	10	복용	11	원근	12	신약
13	시조	14	친교	15	동화	16	체급
17	집합	18	특사	19	형식	20	노면
21	식수	22	반별	23	제호	24	사회
25	태양	26	전과	27	음식	28	표현
29	다급	30	도서	31	공감	32	주의
33	풍습	34	고을 읍	35	꽃부리 영	36	기다릴 대
37	고을 군	38	날랠 용	39	근본 본	40	차례 제
41	무리 등	42	뜰 정	43	눈 설	44	읽을 독
45	자리 석	46	짧을 단	47	사랑 애	48	말미암을 유
49	말씀 어	50	매양 매	51	머리 두	52	다스릴 리
53	사라질 소	54	셀 계	55	들 야	56	便安
57	軍歌	58	家內	59	韓紙	60	大學
61	電氣	62	男女	63	正門	64	兄弟
65	農村	66	父母	67	老後	68	南海
69	校旗	70	青春	71	事物	72	里長
73	工場	74	自然	75	休火山	76	②
77	④	78	①	79	①	80	③
81	④	82	⑥	83	①	84	④
85	①	86	들은 바(것)	87	의원의 재주	88	③
89	⑤	90	①				

해설

01 運數(운수)▸(옮길 운)(셈 수)
: 이미 정하여져 있어 인간의 힘으로는 어쩔 수 없는 운명이나 길흉화복.
→ 여기에서 '運'자는 '운, 운수'를 뜻하고 '數'자는 '운명, 운수'를 뜻합니다.

03 公園(공원)▸(공평할 공)(동산 원)
: 휴양, 놀이 따위를 위하여 만든 사회 시설.
→ 여기에서 '公'자는 '여럿, 함께하다'를 뜻합니다.

05 球速(구속)▸(공 구)(빠를 속)
: (야구에서) 투수가 던지는 공의 속도.

06 定住(정주)▸(정할 정)(살 주)
: 일정한 곳에 자리를 잡고 삶.

13 始祖(시조)▸(비로소 시)(할아비 조)
: ① 한 겨레나 가계의 맨 처음이 되는 조상.
② 학문이나 기술 따위를 처음으로 연 사람.
→ 여기에서 '祖'자는 '시초, 처음, 비롯하다'를 뜻합니다.

18 特使(특사)▸(특별할 특)(하여금 사)
: 특별한 임무를 띠고 외국에 파견되는 사람.
→ 여기에서 '使'자는 '사신(使臣)'을 뜻합니다.

21 植樹(식수)▸(심을 식)(나무 수)
: 나무를 심음 또는 심은 나무.
→ 동음이의어 '식수(食水 : 먹을 물)'와 혼동하기 쉬우니 주의!

23 題號(제호)▸(제목 제)(이름 호)
: 책이나 신문 따위의 제목.

26 戰果(전과)▸(싸움 전)(실과 과)
: 전투나 경기 따위에서 올린 성과.

→ 여기에서 '果'자는 '이루어낸 결실, 보람'을 뜻합니다.

28 表現(표현)▸(겉 표)(나타날 현)
: 생각이나 느낌 따위를 언어나 몸짓 따위의 형상으로 드러내어 나타냄.
→ 여기에서 '表'자는 '나타내다, 밝히다, 드러내다'를 뜻합니다.

32 注意(주의)▸(부을 주)(뜻 의)
: ① 마음에 새겨 두고 조심함. ② 어떤 한 곳이나 일에 관심을 집중하여 기울임.
→ 여기에서 '注'자는 '뜻을 두다, 모으다'를 뜻합니다.

33 風習(풍습)▸(바람 풍)(익힐 습) : 풍속과 습관.
→ 여기에서 '風'자는 '풍속(風俗), 습속(習俗)'을 뜻하고 '習'자는 '습관(習慣), 풍습'을 뜻합니다.

58 家內(가내)▸(집 가)(안 내) : 집안. 가족을 구성원으로 하여 살림을 꾸려 나가는 공동체.

63 正門(정문)▸(바를 정)(문 문)
: 건물의 정면에 있는 주가 되는 출입문.
→ 여기에서 '正'자는 '가운데'를 뜻합니다.

72 里長(이장)▸(마을 리)(긴 장) : 행정 구역의 단위인 '里'를 대표하여 일을 맡아보는 사람.
→ 여기에서 '長'자는 '우두머리'를 뜻합니다.

81 '百發百中(백발백중)'에서 '中'자는 '과녁에 맞거나 예상이 실제와 일치하는 것'을 뜻합니다.

88 區(구분할 구 : 총11획)
▸ 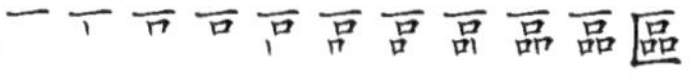

89 根(뿌리 근 : 총10획)
▸ 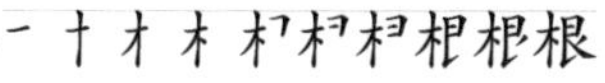

90 堂(집 당 : 총11획)
▸ 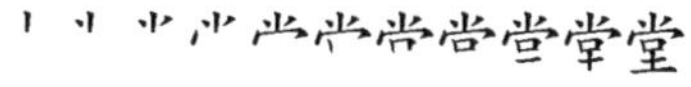

한자능력
검정시험

6급

- **인 쇄** · 2024년 2월 5일
- **발 행** · 2024년 2월 10일

- **엮은이** · 원 기 춘
- **발행인** · 최 현 동
- **발행처** · 신 지 원

저자와의 협의하에 인지 생략

- **주 소** · 07532
  서울특별시 강서구 양천로 551-17, 813호(가양동, 한화비즈메트로 1차)

- **T E L** · (02) 2013-8080~1
  F A X · (02) 2013-8090

- **등 록** · 제16-1242호
- **교재구입문의** · (02) 2013-8080~1

정가 15,000원

ISBN 979-11-6633-398-9 15710